Cristina Micieli
Myriam Pelazas

Palabras proscriptas. Dos miradas sobre el "hecho maldito"

Cristina Micieli
Myriam Pelazas

Palabras proscriptas. Dos miradas sobre el "hecho maldito"

Análisis de los discursos de palabra argentina y la prensa durante la revolución libertadora

Dictus Publishing

Impressum / Aviso legal
Bibliografische Information der Deutschen Nationalbibliothek: Die Deutsche Nationalbibliothek verzeichnet diese Publikation in der Deutschen Nationalbibliografie; detaillierte bibliografische Daten sind im Internet über http://dnb.d-nb.de abrufbar.

Información bibliográfica de la Deutsche Nationalbibliothek: La Deutsche Nationalbibliothek clasifica esta publicación en la Deutsche Nationalbibliografie; los datos bibliográficos detallados están disponibles en internet en http://dnb.d-nb.de.

Coverbild / Imagen de portada: www.ingimage.com

Verlag / Editorial:
Dictus Publishing
ist ein Imprint der / es una marca de
OmniScriptum GmbH & Co. KG
Heinrich-Böcking-Str. 6-8, 66121 Saarbrücken, Deutschland / Alemania
Email / Correo Electrónico: info@dictus-publishing.eu

Herstellung: siehe letzte Seite /
Publicado en: consulte la última página
ISBN: 978-3-8473-8655-1

PALABRAS PROSCRIPTAS

DOS MIRADAS SOBRE EL "HECHO MALDITO". ANALISIS DE LOS DISCURSOS DE *PALABRA ARGENTINA* Y *LA PRENSA* DURANTE LA REVOLUCION LIBERTADORA

Equipo de investigación
Directora: Cristina Micieli
Co-directora: Myriam Pelazas
Investigadores: Ana Ariovich, Pablo Dipierri y Gustavo C. Picotti

INDICE

INTRODUCCION

El análisis del conflicto peronismo-antiperonismo implica problemas político – económicos e ideológicos que subsisten en nuestro país en la actualidad. Aún hoy, cumplidos los 55 años de la llamada Revolución Libertadora que derrocó al gobierno de Juan Domingo Perón en septiembre de 1955, podemos encontrar consecuencias de una disputa entre modelos o proyectos de país.
Algunos autores[1] se remiten a los años que van desde la Revolución de Mayo de 1810 hasta la formación efectiva de la nación argentina en 1853, para hablar de los orígenes de un conflicto entre el país librecambista portuario y el proyecto nacional. La complejidad de la historia argentina hace difícil dar cuenta de un enfrentamiento en términos tan tajantes, sin embargo, esta antinomia tiñe a los contendientes.
Otros autores han definido al enfrentamiento peronismo–antiperonismo como la extensión de un conflicto que tendría larga data en nuestro país entre nacionalismo y liberalismo y que no se resolverá en estos años sino que, por el contrario, se agravará asumiendo distintas formas.
Por otro lado, en un país dependiente como la Argentina, las relaciones que mantiene nuestro país con las potencias externas, principalmente Gran Bretaña y luego Estados Unidos[2], en el plano económico y político, así como la incidencia que tendrán los sucesos externos como la Segunda Guerra Mundial, desatarán una fuerte controversia a nivel de la ciudadanía argentina[3].
Aspectos ideológicos, económicos y políticos dan cuenta de la antinomia peronismo-antiperonismo, planos o aspectos que fueron tratados profundamente por diversos analistas.
Nuestro punto de partida será otro.
El peronismo, como el fantasma derrideano cuando se refiere a los espectros de Marx[4], acecha a la Argentina desde 1945. En efecto, el rasgo sobresaliente de lo

---

[1] Entre otros, Hernández Arregui, Juan José, *La formación de la conciencia nacional*, Buenos Aires, Editorial Continente, 1960.

[2] Cf. Jorge, Eduardo, *Industria y concentración económica*, Buenos Aires, Siglo XXI, 1971.

[3] Rouquié, Alain, *Poder militar y sociedad política en la Argentina*, t. II, trad. de Arturo Iglesias Echegaray, Buenos Aires, Emecé, 1981.

[4] Derrida, Jacques, *Espectros de Marx. El estado de la deuda, el trabajo de duelo y la nueva internacional*, trad. de José M. Alarcón y Cristina de Peretti, Madrid, Trotta, 1995.

fantasmático es el asedio, es decir el doble carácter de presente-ausente y de ausente-presente.
La figura del espectro pone al descubierto la intrincada relación entre la identidad y la alteridad. Con respecto a la identidad, interfiere en su constitución, impidiéndole adecuarse totalmente a sí misma. Se trata de una especie de visita desde un pasado no del todo realizado o desde un porvenir inminente, desincronizando toda contemporaneidad con su propio presente; lo habita sin hospedarse en él, como presencia-ausente que pone en riesgo su propia "entidad"[5].
El peronismo es como una alteridad fantasmática que asedia una supuesta identidad nacional constituida.
Pero yendo más allá, la identidad de la Argentina como Nación desde sus inicios independentistas se halla dislocada, diferida, contaminada por la otredad. Pensemos en el indio, en el negro, en el inmigrante, y más recientemente, en el cabecita negra.
Los "libertadores" no pudieron conjurar esta presencia de lo ajeno en lo supuestamente propio. Lo plebeyo se hace presente e irrumpe en lo civilizado, interfiriendo en él.
El título de este trabajo lleva implícita una caracterización del peronismo que entonces realizó uno de sus cuadros más importantes: John William Cooke. Quien fuera el más joven y uno de los más destacados entre los diputados peronistas y, a partir de noviembre de 1956, "delegado personal" de Perón, expresó que el peronismo se constituía como "el hecho maldito" de la Argentina. Entonces: ¿cómo resistir o cómo luchar contra la desaparición de un "hecho maldito" cuando éste siquiera se puede nombrar? El Decreto 4161 de 1956 funcionó como una especie de cruz frente al Nosferatu del peronismo[6].
Las identidades implican referencia a la alteridad y relaciones de poder que sostienen proyectos que antagonizan por la hegemonía[7]: la prohibición de nombrar al "peronismo" durante la Revolución Libertadora, sería un intento de deconstruir esa identidad para negarla.
Según Giorgio Agamben este tipo de mecanismo se concreta mediante la instauración de un "estado de excepción", legitimado por una percepción de amenaza al estado de derecho o a la Constitución Nacional. Ese estado opera en un

[5] Véase Vergalito, Esteban, "¿Ricoeur vs. Derrida?: hacia una aproximación entre hermenéutica y deconstrucción", en *El pensadero. Revista de Filosofía*, N° 1, Buenos Aires, junio 2005, pp. 19-24.

[6] Oscar Terán habla de la "satanización del peronismo". Véase *En busca de la ideología argentina,* Buenos Aires, Catálogos, 1986, p. 215.

[7] Cf. Laclau, Ernesto y Mouffe, Chantal, *Hegemonía y estrategia socialista.Hacia una radicalización de la democracia*, Buenos Aires, FCE, 2004.

espacio vacío de derecho, en el cual todas las determinaciones jurídicas son desactivadas[8].

Así, el estado de excepción se sitúa fuera del orden jurídico normal, pero no es meramente un espacio exterior. Lo que en él se excluye es, según el significado etimológico del término excepción, *sacado fuera*, incluido por medio de su propia exclusión. Así, lo que de esta forma queda incorporado es el estado de excepción mismo, estado que inaugura un nuevo paradigma jurídico-político, en el que la norma se hace indiscernible de la excepción. El estado de excepción es un híbrido de derecho y de hecho, por lo cual carece de sentido cualquier pregunta sobre la legalidad o ilegalidad de lo que en él sucede. De aquí en más, cualquier acción que se lleve a cabo contra los seres humanos, no será considerada delito.

Este fue el marco general de interpretación, dentro del cual se analizaron las identidades que construyen *Palabra Argentina* -publicación que logró ser la más difundida durante la "Resistencia Peronista"-y *La Prensa-* diario de mayor circulación para el período, devuelto a sus antiguos dueños tras la expropiación de 1951- a través de sus discursos. Lo hicimos recuperando las marcas y huellas de esas identidades y revisando las estrategias utilizadas para combatir o legitimar ese "estado de excepción".

También realizamos entrevistas[9] para dar cuenta de aquel escenario en el que se prohibía toda referencia al "peronismo". Asimismo, hemos indagado cómo aparece la función de integración de la ideología que para Paul Ricoeur puede prolongarse en la de legitimación y ésta en la de disimulo[10].

[8] Cf. Agamben, Giorgio, *Estado de excepción*, trad. de Flavia Costa e Ivana Costa, Buenos Aires, Adriana Hidalgo Editora, 2005.

[9] Fueron entrevistados por el grupo de investigación Alejandro Olmos, hijo del director de *Palabra Argentina*, Alejandro Olmos; Enrique Maceiras, ex periodista de *La Prensa*; Alberto González Arzac, amigo personal de Alejandro Olmos y lector habitual de *Palabra Argentina*, y Héctor Walter Seigneur, brigadier retirado y miembro de la Resistencia Peronista.

[10] Véase Ricoeur, Paul, "La ideología y la utopía: dos expresiones del imaginario social", en *Del texto a la acción*, trad. de Pablo Corona, México, FCE, 2001.

PRIMERA PARTE

CONTEXTUALIZACION HISTORICA

Los años de la "Revolución Libertadora"

El 16 de septiembre de 1955, con epicentro de acción en la provincia de Córdoba, se inició una sublevación militar encabezada por el general Eduardo Lonardi que junto a la Marina, representada por el contralmirante Isaac Francisco Rojas, derrocó al presidente Juan Domingo Perón. Durante esas jornadas, los rebeldes amenazaron con bombardear algunas ciudades costeras, cuestiones que sonaban creíbles después del ataque efectuado por la aviación naval que el 16 de junio de 1955 había costado la vida de más de 300 transeúntes de la Plaza de Mayo y alrededores. De modo que, tras una semana de enfrentamientos, los leales se rindieron a las fuerzas de Lonardi. Con importante apoyo civil -fundamentalmente brindado por los grandes terratenientes e industriales, la jerarquía de la Iglesia Católica, el resto de los partidos políticos, grupos intelectuales y de las clases medias[11] y aún sectores externos- los golpistas aceptaron la renuncia de Perón que luego de un discurso conciliador se exilió en la Embajada de Paraguay.

El 23 de septiembre, el binomio Lonardi-Rojas tomó el poder. Algunos autores citan que fueron multitudes las que colmaron las calles de las ciudades de todo el país vivando la democracia y la libertad que traería consigo este gobierno provisional, inaugurado con el famoso discurso del "Ni vencedores ni vencidos". Pero otros señalan que también fueron muchas las personas que intuían que la amable frase de Lonardi no era más que circunstancial y que habrían de padecer a "la Libertadora".

Durante sus escasos dos meses de gobierno, el presidente provisional envió a la cárcel a varios cuadros peronistas, aunque también intentó acercarse al sindicalismo sin intervenir la CGT[12]: Lonardi valoraba el proyecto nacional y popular de Perón,

[11] En una enumeración como ésta, es tentador agregar a la lista a los "grandes medios", pero a decir verdad por entonces uno de ellos había sido expropiado por el gobierno de Perón y estaba en manos de la CGT (*La Prensa*), otros habían pasado a ser parte del multimedios gubernamental (*La Razón, Crítica, La Época, Democracia*, etc.) o cuidaban sus opiniones en tanto habían sido censurados en alguna oportunidad (*La Nación, Clarín*, etc.).

[12] En Spinelli, María Estela, *La desperonización. Una estrategia política de amplio alcance (1955-1958)* (http://www.unsam.edu.ar), la autora señala que no obstante se ordenó quitar las denominaciones de Perón y Eva Perón con las que se habían bautizado algunas provincias y ciudades, como así también las que hacían alusión a otras referencias partidarias. También se quemaron algunos libros peronistas, se prohibió cantar la marcha 'Los muchachos peronistas' y se conformaron las comisiones investigadoras además de liberar a los presos políticos y militares contrarios a Perón que entonces pasaron a ser héroes.

aunque creía necesario que se extirparan los elementos corruptos y autoritarios en los que a su entender aquel proyecto había degenerado. El enfrentamiento del ex presidente con la Iglesia habría sido el límite para que Lonardi decidiera su acción. Una vez en el poder, sus ministerios estuvieron ocupados por hombres de orientación nacionalista-católica que en algunos casos llegaban con discursos de redención más que de castigos severos a los peronistas. Sin embargo, esas actitudes moderadas hicieron que rápidamente el vicepresidente y la oficialidad del Ejército derrocaran a Lonardi.
El 13 de noviembre de 1955, su lugar fue ocupado por el general Pedro Eugenio Aramburu que continuó con Rojas en la Vicepresidencia. A partir de entonces, la metodología en relación al "peronismo" cambiaría radicalmente.

Sobre la economía de aquellos días

Si bien a través de las notas de ambas publicaciones se verán los principales aspectos económicos del nuevo gobierno, adelantamos que los lineamientos económicos y financieros fueron dejados en manos de Raúl Prebisch, quien redactó el *Informe preliminar acerca de la situación económica.* Este fue elevado al gobierno el 26 de octubre de 1955 y revisaba en detalle las precedentes medidas económicas, las criticaba y concluía que era imprescindible dar un giro. Pero como el gobierno era "provisional" no se auspició la toma de medidas de fondo, se mantuvo la política petrolera y no hubo importantes planes para atraer grandes inversiones extranjeras, aunque entonces se firmaron los primeros tratados con el FMI y con el Banco Internacional de Reconstrucción y Fomento creado tras los acuerdos de Bretton Woods.

El ministro de Economía, Eugenio Blanco, suprimió los controles de cambio y liquidó el IAPI -institución emblemática del gobierno anterior- mientras creaba el Instituto de Tecnología Agropecuaria (INTA) para fomentar la producción del sector agropecuario, y llevaba a cabo una fuerte devaluación que benefició a la burguesía más concentrada, pero no llegó a diseñar un plan económico con objetivos definidos. Y, como no pudo frenar el progresivo déficit en el balance de pagos, ni la caída de las reservas mientras la inflación no descendía y se acumulaban enormes deudas comerciales, fue reemplazado por Terrier y Krieger Vasena que continuaron revisando la participación de los trabajadores en el ingreso nacional. Sus recetas para elevar la productividad, racionalizando las tareas y reduciendo la mano de obra, persiguieron el objetivo de restringir el poder de los sindicatos y suspender las convenciones colectivas. Como corolario, en 1957 los salarios reales se congelaron y cayeron estrepitosamente.

La “desperonización”

Si el principal enemigo de la Libertadora era el modelo político-social igualitarista del peronismo, no alcanzaba con el exilio de su creador, ni con cambiar las reglas económicas. La especialista María Estela Spinelli afirma que existían tres grupos muy diferentes en cuanto a qué actitud tomar frente al peronismo durante la Revolución Libertadora: “un antiperonismo *tolerante* con el ‘vencido’ que vio en el peronismo un proyecto de cambio económico y social malogrado por el fuerte personalismo de Perón y que denunció la obsecuencia, corrupción e ineficiencia de su personal político. Este antiperonismo -que separó al ‘régimen’ de sus partidarios-estuvo dispuesto en la nueva etapa a reconocer al peronismo como identidad política, excluyendo, obviamente, a Perón. A él se opuso un antiperonismo *radicalizado* que demonizó al peronismo en su totalidad, fue el que sus críticos contemporáneos, peronistas y antiperonistas, denominaron ‘revanchista’. Éste centró su visión y su crítica en las prácticas políticas, en los rasgos antidemocráticos del peronismo a los que identificó con los regímenes nazi-fascistas. Ignoró las transformaciones que el mismo había introducido en la economía, en la sociedad y en la política. Su preocupación fue la erradicación definitiva del peronismo, no ya sólo como partido sino como identidad política...Una tercera (corriente), con fuerte influencia política en el gobierno -representada por las líneas internas que conformaron la Unión Cívica Radical del Pueblo- a la que caracterizamos como *optimista*, por su visión del peronismo como fenómeno destinado a desaparecer”[13].
Lonardi había sido el representante de la “corriente pacifista”; Aramburu, el de la purga más fuerte: disolvió el Partido Peronista e intervino la CGT quedando los sindicatos a cargo de las Fuerzas Armadas, continuó y multiplicó la detención de dirigentes políticos y sindicales, desmembrando “células peronistas” de la administración pública y de las universidades. Se liquidaron los bienes de la Fundación Eva Perón y se derogó la Constitución de 1949, reestableciendo la de 1853, con las reformas de 1860, 1866 y 1898. Y, mediante el decreto 4161, la sola mención de Perón y Eva fueron prohibidas, tanto como el uso de imágenes, signos y símbolos peronistas.
El peronismo pasó a ser “enemigo del sistema democrático y de la Nación misma”, y a diferencia de la etapa en la que gobernó Lonardi, ya no se perseguía aquello considerado delito sino “todo acto o persona que actuara en nombre o bajo las ideas del *tirano prófugo*”.[14]

---

[13] Spinelli, María Estela, *La desperonización. Una estrategia política...*,ob. cit.

[14] Hoy la página www.lalibertadora.org reivindica aquel período a través de los comentarios de algunos historiadores, periodistas y militares retirados que manifiestan cuestiones como: “La Revolución Libertadora no fue un golpe de estado, que es cuando se viola impunemente la Constitución, en la forma en

La Resistencia Peronista

Este tema será especialmente tratado sobre todo a partir de las consideraciones de *Palabra Argentina*, pero en este apartado adelantamos que, como en todo proceso social, el miedo había ganado a muchos, ya que más allá de la cárcel ahora como en tiempos del peronismo, circulaban "listas negras". Sin embargo, huelgas y sabotajes fueron corrientes para demostrar que una parte importante de la comunidad resistía. Eso hizo que la represión se desatara de manera más cruenta.
Un hecho saliente de esta resistencia se conoció mundialmente gracias al escritor y periodista desaparecido durante la dictadura de 1976-1983, Rodolfo Walsh, que a través de *Operación masacre* denunció aspectos insospechados sobre el fusilamiento de civiles y militares peronistas.

---

que sí lo hizo el Estado Policial Peronista. Desde los tiempos de Santo Tomás surge siempre el derecho a la rebelión contra la opresión". Y agrega el contralmirante (RE) Carlos Alberto Sánchez Sañudo que "la Revolución Libertadora tenía el deber de terminar con la máscara aberrante de una 'democracia constitucional' como ahora llaman algunos desmemoriados a ese despotismo peronista y que hoy tergiversan por TV la verdad histórica. Ante esa situación asumió el almirante Rojas la responsabilidad de restablecer la dignidad de la República y devolver la libertad a sus conciudadanos, con el apoyo moral de millones de argentinos." Y que "La Revolución Libertadora no llegó con 'carpetas debajo del brazo' producto de largas deliberaciones durante muchos meses. No era posible hacerlo; la inseguridad y la delación propia del Estado Policial lo impedían. Hubo que desmontar la gran máquina trituradora, origen de todas las rigideces ciudadanas, cercenadoras de la libertad civil. Y con respecto a la disolución del Partido Peronista, no fue por revanchismo -como explicó el almirante Rojas- sino para evitar que con el equivocado criterio posterior a 1958 se reconstruyeran las gradas del trono madrileño y termináramos en la tragedia de 1973. A nadie se le ocurrió llamar revanchistas a los alemanes porque luego del nazismo estamparon en el art. 21 de la Constitución que 'cualquier agrupación política que por la conducta de sus afiliados -no de sus dirigentes- exaltara al nazismo debía ser declarada fuera de la ley'. El gobierno de la Revolución Libertadora desbrozó una tupida maleza, realizando una muy difícil gestión que no comprometió el futuro económico de la Nación, ni del gobierno que lo sucedió. Así cumplió con la palabra empeñada, entregando el poder en la fecha establecida. Lo que vino después es prueba de las diferencias que separaban entre sí a los circunstanciales aliados (como ocurrió en Europa al término de la II Guerra Mundial). En realidad, muchos de los que se opusieron al dictador demostraron luego mayor afinidad ideológica con él que con sus aliados revolucionarios. La ilusión de obtener los votos que creían vacantes, condujo primero a un pacto sin precedentes éticos en el país y luego a otros ingenuos intentos de conquista del paquete electoral, pero sin el jefe. Este permanente objetivo era incompatible con el recuerdo leal a la Revolución Libertadora que no redituaba, precisamente, los dividendos electorales buscados; por ello comenzó una campaña de olvido que luego se transformó en desprestigio. Por la misma razón un gran silencio, un amplio manto de olvido cubrió los males que dieron origen a aquel pronunciamiento cívico militar... Ese fue y sigue siendo el camino, el trazado por la línea Mayo, Caseros y Septiembre de 1955, porque fue pensado no para el corto plazo y para unos pocos, sino para todos y en forma permanente". La mayoría de estos artículos fueron escritos durante la dictadura militar de 1976-83, sin hacer referencia a esa situación institucional particular.

La noche del 9 de junio de 1956 se produjo una sublevación militar encabezada por oficiales retirados y algunos suboficiales que fue dirigida por los generales Valle y Tanco. Este intento revolucionario tenía puntos de conexión en todo el país, pero fue reprimido antes de que comenzara, culminando con la detención de sus impulsores y de civiles a los que se acusó de formar parte de la conspiración. Se los fusiló bajo una ley marcial que aún no había sido decretada.

Esa "desprolijidad" se logró tapar pues Aramburu y Rojas asumieron públicamente que la decisión había sido "indispensable para evitar reacciones similares", hasta que la notable investigación de Walsh echó luz sobre los hechos.

Mientras tanto eran diversos los actos de la Resistencia y otras manifestaciones que mostraban que el movimiento peronista no estaba acabado.

Los límites de la democracia

Tal como lo había señalado al asumir, y por su necesidad de mantener alguna legitimidad, el flamante gobierno acordó el traspaso de mando a una Junta Consultiva presidida por el vicepresidente Rojas en la que participaban diversos partidos políticos (con la obvia proscripción del peronismo). La Junta Consultiva ayudó a darle visos de democracia a la imagen del gobierno provisorio y ejerció cierta presión para que se restableciera el Estado de derecho, sin embargo, carecía de poder de decisión.

Por fin, el 12 de abril de 1957, por Decreto 3838/57, Aramburu declaró la necesidad de realizar una reforma constitucional y convocó a elecciones para reunir la Convención Constituyente que la concretara. Como es fácil de advertir, el Partido Peronista no pudo, como tal, participar de la misma, aunque algunos de sus militantes comenzaron a pensar en la viabilidad de un peronismo sin Perón.

Ese fue el caso de Juan Atilio Bramuglia[15] que armó "Unión Popular" y de Vicente Saadi[16] que se presentó con el Partido Populista. Hubo otros proyectos del estilo[17],

---

[15] Bramuglia venía del socialismo y había sido una ficha clave en los primeros años del gobierno peronista, pero en los últimos tiempos su relación con Perón se había tensado por lo cual se había alejado del elenco presidencial. De hecho, Lonardi había pensado en él para formar su gabinete de "ni vencedores, ni vencidos".

[16] Vicente Leónidas Saadi era un caudillo de la provincia de Catamarca que también había coqueteado con el gobierno depuesto pero que, acusado de corrupción, había padecido la cárcel hasta que fue exonerado. Dicha circunstancia hacía que hubiera perdido sus lazos con Perón y que iniciara un partido propio retomando sus banderas.

[17] En este trabajo se verá que el mismo Alejandro Olmos, director de *Palabra Argentina*, sostuvo uno de esos proyectos mediante el efímero Partido Blanco para las elecciones del 23 de febrero de 1958. En las elecciones para la Asamblea Constituyente reivindicará el voto en blanco contra la orden de Perón de sostener la abstención. Esta orden puede rastrearse en la *Correspondencia Perón-Cooke*, de lo cual damos cuenta en el punto "Votar en blanco".

pero ninguna de estas experiencias neoperonistas juntaron importante caudal de votos: el votante peronista no estaba ahí, su presencia se hallaba en la mayoría de votos en blanco y abstenciones que se contabilizaron en esa elección. Aquellos votos eran el claro símbolo de la no ausencia del peronismo: eran su significante vacío[18].
Finalmente, después de esa elección experimental en la que tras el voto en blanco se colocó la Unión Cívica Radical del Pueblo (UCRP) -al frente de la que estaba Ricardo Balbín-, se organizó la Convención Constituyente[19]. La misma se reunió en la ciudad de Santa Fe entre el 30 de agosto y el 23 de septiembre de 1957 y determinó que se retomara la Constitución de 1853 con el agregado del artículo 14 bis, que reconocía a los trabajadores el derecho a la participación en las ganancias de las empresas y el derecho a huelga. Pero no reparaba en muchos de los otros derechos que había consagrado la Constitución sancionada en 1949. Además, durante la sesión inaugural, los constituyentes de la Unión Cívica Radical Intransigente (UCRI), con Oscar Alende a la cabeza, se retiraron porque entendieron que un gobierno de facto no tenía legitimidad para convocarlos. De modo que la Convención funcionó con un quórum mínimo.
Llegado a ese punto, a las autoridades provisionales sólo les quedaba llamar a elecciones que se fijaron para febrero de 1958.

El fin

Luego de demostrar su poder a través de la alianza sostenida sobre todo con la UCRP en la Asamblea Constituyente, y más allá de haber logrado quitarles algunos derechos, el gobierno debió resignarse a que los sindicatos mantuvieran un lugar central de negociación. La represión y censura eran fuertes, pero los cuadros del movimiento obrero que estaban en funciones, a diferencia de los obsecuentes sindicalistas de la CGT de Evita y Perón, ahora eran desafiantes. Y, en esos primeros días, el delegado personal del "tirano prófugo" era John W. Cooke -con quien el líder mantenía una correspondencia fluida- y eso no daba lugar a flaquezas. Así es que, hacia septiembre de 1957, el Congreso Normalizador de la CGT elegía las autoridades que llevarían a cabo la representación del Movimiento Peronista, fiel al ex presidente.

---

[18] Véase Laclau, Ernesto y Mouffe, Chantal, *Hegemonía ...,* ob. cit.

[19] Este tema también es central en las publicaciones analizadas.

De modo que el gobierno de Aramburu-Rojas comenzó a pactar con la Unión Cívica Radical del Pueblo, y su candidato Balbín, el regreso de una democracia que no perturbara el *statu quo*: una democracia sin peronismo.
Simultáneamente, en Santo Domingo, se efectuaba el pacto "secreto" entre Perón y el representante de los radicales intransigentes, Arturo Frondizi (éste representado por Frigerio).
Un año atrás, la UCR se había dividido en posiciones irreconciliables entre Frondizi y Balbín, y los resultados de las elecciones para constituyentes habían demostrado que los votantes radicales, así como el gobierno de la Libertadora, habían preferido al segundo. De modo que Frondizi había reparado en la importancia de seducir al verdadero electorado mayoritario, aquel que había votado en blanco o se había abstenido, el peronista. Esos votantes serían la llave que le abriría las puertas del poder. No importaba que apenas un año atrás hubiera sido un tenaz opositor del ex presidente[20], los tiempos habían cambiado y en 1958 pactaba su llegada al sillón presidencial, a cambio de que el peronismo volviese a ser visible, más allá de las acciones de la Resistencia.

[20] Una de las circunstancias más conocidas de su elocuente verba antiperonista había aparecido en su encendida defensa en el Congreso de la Nación de los intereses nacionales que podrían ser vulnerados a partir de la firma de los tratados petroleros con la California Standard Oil.

SEGUNDA PARTE

BREVE HISTORIA DE *LA PRENSA*

El 18 de octubre de 1869 se publicó el primer ejemplar del diario *La Prensa*. Su fundador, José Clemente Paz, entonces se manifestaba a favor de un periodismo apartidario frente a una mayoría de pasquines facciosos. Sin embargo, con matices, su diario con los años se fue transformando en uno de los mejores representantes de los grandes terratenientes y de los grupos económicos poderosos.

En 1930 aplaudió el golpe de estado contra la segunda presidencia de Hipólito Yrigoyen y no fue severo crítico de los gobiernos de la "década infame", a pesar de que muchas de sus notas denunciaran el fraude imperante. Entonces era leído por los sectores dominantes, pero que su venta ascendiera a 500.000 ejemplares[21] da cuenta de que parte de los sectores medios y populares también lo adquirían[22]. Esto se debía, sobre todo, a los frondosos avisos clasificados que se agolpaban en sus páginas.

Más duro fue *La Prensa* con los gobiernos militares de la Revolución de Junio de 1943, aunque la tensión mayor se establecería con el gobierno de Juan D. Perón. Si bien diversos temas los ubicaban en las antípodas, el conflicto que determinó que el diario fuera expropiado en 1951 se originó en los órdenes fiscal y gremial. Una denuncia de defraudación al fisco, iniciada en octubre de 1946, hizo que se sustanciara un juicio contra *La Nación* y *La Prensa*. A pesar de que el fallo determinó que tal defraudación no existía, ambos medios estaban en falta y debían pagar derechos aduaneros correspondientes al papel empleado en la impresión de los avisos publicados por ellos desde 1939. Además, la reducción de la provisión de papel a todos los diarios había redundado en un terrible daño económico para *La Prensa*[23], pues ya no pudo publicar la gran cantidad de avisos que lo destacaban.

---

[21] Esta importante cifra de ventas la logró el 25 de mayo de 1930 (véase Panella, Claudio, "La expropiación del diario *La Prensa*: ¿ataque a la libertad de prensa o acto revolucionario?", en Rein, Raanan y Panella, Claudio (comps.), *Peronismo y prensa escrita. Abordajes, miradas e interpretaciones nacionales y extranjeras*, La Plata, EDULP, 2008, p. 135.

[22] "El diario era el tercero en el mundo", según narra Enrique Maceiras, periodista de entonces, en la entrevista realizada por el grupo de investigación: "El primero era el *Times* de Londres, el segundo era el *New York Times* y el tercero era *La Prensa* de Buenos Aires. Con una población de 12 millones, *La Prensa* llegó a tirar 854 mil ejemplares diarios".

[23] Esto se inscribía en un momento de crisis mundial en torno a la provisión de papel que en octubre de 1948 hizo que el gobierno argentino resolviera reducir el número de páginas de todos los medios gráficos.

Empero, que se redujera el número de sus páginas no implicaba que mermara su público lector. Por el contrario, en 1950 sus ventas ascendían a 550.000 ejemplares. Ahora bien, ¿cómo incidió el conflicto sindical en la espinosa relación entre el gobierno peronista y el diario? Pablo Sirvén señala que éste se había iniciado en 1947, pero que a comienzos de 1951 se hace rotundamente manifiesto a través de un petitorio que el Sindicato de Vendedores de Diarios, Revistas y Afines le hace a la empresa. Allí, el gremio efectúa diversas demandas, entre ellas que el sindicato participe en un 20% de las ganancias arrojadas por los clasificados para el desarrollo de su obra social.[24] *La Prensa* no convalidó los reclamos por lo que el gremio inició un paro que concluyó después de varios días. Sin embargo, el 27 de febrero de 1951, día en que los trabajadores reanudaban sus tareas, se produjo "un tiroteo que arrojó como saldo la muerte del obrero Roberto Nuñez, de 36 años, perteneciente a la sección expedición, y heridas en otros 14 trabajadores. Ante el cariz que estaban tomando los acontecimientos, la CGT decidió tomar partido en el conflicto, lo cual no le resultó demasiado difícil debido a la tradicional postura antisindical del diario"[25]. Entre este hecho y el debate parlamentario de la situación sólo mediaron algunos pocos días. Para describir ese debate es interesante destacar los términos en los que lo encuadra Claudio Panella, bastante diferentes al mero cercenamiento de la libertad de expresión al que hace referencia el clásico estudio de Pablo Sirvén. Panella se pregunta si fue un "ataque a la libertad de prensa" o "un acto revolucionario", y para ello ofrece un pormenorizado análisis acerca del debate que definió la expropiación[26].

El 16 de marzo de 1951 ambas Cámaras trataron y aprobaron la conformación de una Comisión Parlamentaria Mixta Interventora e Investigadora de la empresa propietaria del periódico.

En el Congreso se creó tal Comisión Investigadora de las actividades empresarias de *La Prensa,* que inició su trabajo el 16 de marzo de 1951. Por el oficialismo se destacaron las intervenciones de los diputados John W. Cooke, José Visca y Eduardo Colom; por la oposición, los radicales Arturo Frondizi y Silvano Santander. Visca arrancó señalando que *La Prensa* servía a "una confabulación de intereses venales por tratarse de dinero y de comercialización de páginas, que se dicen destinadas a ilustrar la opinión pública argentina, pero que sólo sirven para

[24] Sirvén, Pablo, *Perón y los medios de comunicación (1943-1955),* Buenos Aires, CEAL, 1984, p. 99.

[25] Panella, C., ob. cit, p. 139.

[26] En la entrevista realizada por el grupo de investigación, Enrique Maceiras comenta que el editorial titulado "La falta de insumos en los hospitales", escrito por el médico Celestino Jorge Lebrón, provocó en el gobierno de Perón un malestar enorme que inició formalmente la persecución al diario.

determinar cómo se sirve al extranjero".[27] Y que "...ningún acto de este gobierno que ha sido de verdadera trascendencia para su evolución social y económica, ha merecido un elogio de *La Prensa*. Por el contrario, la acción nefasta de Braden, que aquí no tenía nada que hacer, fue para *La Prensa* motivo de orgullo y de satisfacción, colocándose en las filas de la antipatria".[28] Por eso saludaba que se diera ese debate. Frondizi arremetió señalando que su partido muchas veces había sido criticado por el diario, empero "el radicalismo es un partido que responde a una profunda concepción de carácter democrático, y por ello, cada vez que ese diario lo criticó injustamente, el radicalismo puso a prueba su fibra democrática y lo respetó a pesar de los resortes de gobierno de que disponían ...no defendemos a *La Prensa* sino a la libertad de prensa"[29], y retomaba las palabras de Visca en relación al carácter comercial del diario: "...qué cosa son los diarios peronistas, de los cuales son propietarios personajes vinculados al gobierno cuyas sociedades anónimas están mostrando en sus balances las más extraordinarias utilidades que jamás ha dado un diario en la República Argentina", y concluía con la idea de que "lo que se llama conflicto gremial con el diario *La Prensa* no es tal. Es un conflicto, repito, planteado por el oficialismo a *La Prensa* para incomunicar al pueblo la verdad. Le temen a *La Prensa*, no por sus discrepancias doctrinarias, sino porque pone al pueblo en contacto con la actual realidad del país. El proyecto presentado no es nada más que en cumplimiento del jefe del Partido Peronista para perfeccionar el sistema represivo totalitario dentro de la República".

Eduardo Colom, otro radical y entonces diputado peronista y dueño del diario *La Época*, sacaba a relucir que en tiempos de Yrigoyen, en 1919, también *La Prensa* había afrontado un problema gremial por el cual no salió durante algunas jornadas. Que la oposición utilizó el acontecimiento para volcar conceptos semejantes a los que otra oposición usaba hoy para defender al mismo diario de los Gainza Paz que, como si fuera poco, había apoyado el derrocamiento de Yrigoyen en 1930. Silvano Santander, entre otros considerandos, responde: "Estamos defendiendo las mejores tradiciones argentinas, estamos defendiendo la libertad de imprenta, que nació con la vida libre de la República. Estamos defendiendo la Constitución de 1853 y el mismo texto constitucional actual que, teóricamente, da las más amplias libertades para la ejercitación de los derechos, texto sancionado con el auspicio de los señores diputados de la mayoría y al que ellos llaman la constitución peronista"[30]. Lo siguió John W. Cooke quien señaló que hasta que no se supieran los resultados de la

[27] *Diario de Sesiones de la Cámara de Diputados de la Nación*, 1950, Buenos Aires, Imprenta del Congreso de la Nación, 1951, t. V, p. 4162.
[28] Idem., p. 4143.
[29] Idem., p. 4165.
[30] Idem., pp. 4175/6.

investigación no se podía tener una opinión acabada del conflicto, sin embargo, para él "como diputado revolucionario y como hombre que tiene por costumbre decir las cosas tal cual las siente, afirmo que el diario *La Prensa* tiene contraída con el pueblo de la República la deuda de sus grandes pecados...nosotros estamos contra *La Prensa* por razones mucho mas serias, mucho más fundamentales. Estamos contra *La Prensa* porque creemos que diarios de esa clase son los que han minado las bases de la nacionalidad; creemos que *La Prensa* es uno de los obstáculos, como hay muchos otros en el continente, que han impedido o demorado todas las posibilidades de reivindicaciones proletarias en Latinoamérica". Luego contestó planteos precedentes: "Si fuera exacto que está en juego la libertad de prensa, ninguna voz se levantaría en contra de este principio fundamental de los derechos humanos; pero esto no es la libertad de prensa...Nosotros creemos en la libertad de prensa, de la prensa independiente y de la ideológica, de la equivocada y de la que está en la verdad; pero en lo que no creemos es en el derecho de estas empresas mercantiles y capitalistas para procurar que los resortes del Estado se pongan al servicio de sus intereses cada vez que hay cuestiones gremiales en juego"[31]. Continuaba describiendo la conformación de la "prensa grande": "se han integrado, concentrado y al final han venido a quedar en manos de pocos propietarios que siempre están vinculados directamente a las altas finanzas y a los grandes negocios...La concentración de la industria conduce totalmente al monopolio, tiende a la expansión y busca ampliar la zona dominada por los monopolios rivales. Es simplemente una ley económica de la sociedad capitalista. De ninguna manera una lucha de ideas...En 1.100 ciudades de Estados Unidos hay solamente un periódico, y en las 160 ciudades donde hay más de uno, ellos se encuentran en manos de un propietario o grupo de propietarios. Salvo contadas excepciones, la regla es que el periódico es un instrumento más de las clases dominantes en perjuicio de las clases económicamente menos favorecidas"[32]. "Nosotros creemos que en lugar de dignificar el oficio periodístico, esos grandes diarios transforman a los hombres dignos, que son los auténticos productores de este ramo de la difusión de las noticias, en verdaderos prisioneros encerrados en cárceles sin rejas, obligados a servir los intereses de los grandes anunciadores. No se puede confundir prensa libre con la empresa periodística que persigue su negocio...Las generaciones futuras podrán enjuiciar a nuestro gobierno y formular las opiniones que quieran sobre nuestro presidente; pero nosotros ahora vamos a formular el juicio que nos merece el diario *La Prensa* y todo el periodismo de este tipo, dentro y fuera del país... Los acusamos de haber querido forjar para los argentinos una mentalidad inhibitoria y

[31] Idem., pp. 4182/3.
[32] Idem., p. 4183.

subestimativa de lo que es la propia valoración argentina. Los acusamos de haber negado los grandes valores de la cultura del pueblo argentino, de haber querido engañarnos con la etiqueta de bonitos nombres para que no pudiésemos realizar nuestras conquistas económicas.... De todo eso los acusamos...".[33]

Panella señala que en el Senado el tratamiento del asunto fue más tranquilo, si bien los argumentos peronistas se mantuvieron, pero allí no había una oposición que los retrucara.

Finalmente, la Comisión Mixta actuó entre los días 20 de marzo y 9 de abril[34] y el proyecto de ley de expropiación se concretó entre el 11 y el 12 de abril. En esos días se demostró que la familia Gainza Paz subvencionaba parte de las agencias de noticias United Press y Reuter. Esa relación comercial verificada en el pago del servicio telegráfico y no declarada, le valió a su dueño una orden de detención, pero para entonces éste ya se había fugado a Montevideo para luego exiliarse en Estados Unidos, desde donde consiguió muchos apoyos internacionales a favor de su causa. Aunque la oposición manifestara que "la incautación del periódico constituía un acto de usurpación que ha tenido por exclusiva finalidad impedir la aparición del referido diario como órgano de opinión independiente"[35], se sancionaba la Ley 14.021 de "utilidad pública y sujetos a expropiación pública todos los bienes que constituyen el activo de la sociedad colectiva *La Prensa*"[36].

El tema trascendió las fronteras del país, no solo por la acción desplegada por Gainza Paz sino que fue analizado en distintos periódicos del mundo y fue bandera de la oposición, sobre todo cuando tras su clausura el diario pasó a manos de la CGT.

Sin embargo, la medida se mantuvo firme y durante los cuatro años que van de fines de 1951 a fines de 1955, si bien el diario mantuvo su nombre y formato, *La Prensa* pasó a ser un diario más en el sistema de medios oficialistas.

Cuando Lonardi derrocó a Perón, intentó mantener cierto buen trato con la CGT, por lo que *La Prensa* no volvió rápidamente a manos de sus antiguos dueños. Eso lo hicieron posible Aramburu y Rojas, como una de las más simbólicas medidas de despojo que realizaron contra todo aquello que tuviera algo que ver con el gobierno depuesto.

Los Gainza Paz reabrieron *La Prensa* el 3 de febrero de 1956, fecha aniversario de la batalla de Caseros.

---

[33] Ibídem.

[34] Estuvo compuesta por los diputados peronistas: Víctor Tommasi, Antonio Benítez (que fue el secretario), Valerio Rouggier, Carlos Díaz y Juan de la Torre, el radical Arturo Frondizi y los senadores peronistas Luis Cruz, Alejandro Giavarini y Alberto Durand.

[35] *Diario de Sesiones de la Cámara...*, ob. cit., p. 4220.

[36] *Anales de la Legislación Argentina*, año 1951, t. XI-A, Buenos Aires, La Ley, 1958, p. 1.

BREVE HISTORIA DE *PALABRA ARGENTINA*

El primer número de *Palabra Argentina* salió al día siguiente del desplazamiento del general Eduardo Lonardi y su reemplazo por parte de su par Pedro Eugenio Aramburu. Corrían 14 días de noviembre de 1955, y Alejandro Olmos entendía que el régimen militar que había derrocado a Juan Domingo Perón despuntaba con un carácter más revanchista que patriótico o correctivo respecto de los errores que se atribuían al gobierno anterior, según consta en esa edición inaugural.

Olmos conocía de cerca a tres hombres que ocuparon cargos durante el breve interregno de Lonardi: Luis Cerruti Costa, que era ministro de Salud; Justo L. Bengoa, que era ministro del Ejército; y Mario Amadeo, que era ministro de Relaciones Exteriores. Unido a esos personajes por relaciones de parentesco o amistad, compartía encuentros y reuniones con ellos, los criticaba en las cuestiones que no compartía pero los respetaba más allá de sus orientaciones ideológicas.

La publicación llegó a tirar 250 mil ejemplares por edición, cuando el promedio mensual de *Clarín*, *La Nación* y *La Prensa* oscilaba entre los 200 mil y 350 mil ejemplares diarios[37]. El mismísimo John William Cooke, amigo de Olmos y redactor colaborador en el periódico, le escribió en una carta a Perón que *Palabra Argentina* era leído por 1 millón de argentinos.

En sus páginas, Olmos no sólo despotricó contra las medidas económicas y políticas de Aramburu e Isaac Rojas sino que también dedicó centímetros de papel al conflicto con el diario *La Prensa*, discusiones con el Partido Socialista por su oposición al peronismo y su apoyo a la dictadura y la organización del desagravio a las víctimas de los fusilamientos del 9 de junio de 1956. Uno de los fusilados, de hecho, era su primo: el coronel Ricardo Ibazeta.

Para ese entonces, la publicación tenía una pequeña oficina en Bolívar al 400, Capital Federal. Testimonios recogidos en este trabajo indican que los jóvenes peronistas perseguidos por los comandos civiles solían refugiarse en esa redacción.

El periódico se financiaba con dinero que salía del bolsillo de su propio director, aunque también contó con el aporte económico del cura Hernán Benítez. Y en sus páginas, estamparon su firma no sólo Cooke sino también dirigentes jóvenes que 20 años después llegarían a ser diputados o referentes del sindicalismo, como el caso de Lorenzo Miguel.

Paradójicamente, *Palabra Argentina* se imprimió al principio en los talleres de Fontevecchia, padre del actual director del periódico *Perfil*. La persecución, el

[37] Aunque el caso de *Palabra Argentina* es distinto, pues se trata de un periódico y no de un diario, no obstante su tirada es muy importante para la época.

secuestro de ejemplares y el encarcelamiento de Olmos conspiraron contra la distribución semanal y contribuyeron a que cambiara varias veces de diseño: el primer formato era tabloide y contaba con 8 páginas pero hacia 1957 alcanzó tamaño sábana y, durante la presidencia de Arturo Frondizi –período que escapa a esta investigación -, se convirtió a los cánones visuales de una revista con tapa a dos colores.

Nacido en San Miguel de Tucumán el 1º de mayo de 1924, Olmos pertenecía a una familia de terratenientes, y entre sus parientes se contaba un gobernador. Sus estudios secundarios los completó en Buenos Aires: cuando egresó de la Facultad de Derecho y Ciencias Sociales, ya estaba vinculado a los intelectuales que adscribían al "pensamiento nacional".

En junio de 1943, apoyó el surgimiento y el enroque en el poder que protagonizó el Grupo de Oficiales Unidos (GOU). Y si bien se sumó al peronismo desde sus albores, se opuso a la suscripción de Argentina al Tratado de Chapultepec.

Fue, además, secretario del Concejo Deliberante de Vicente López, plaza desde la cual impugnó el Plan Siderúrgico Argentino lanzado en junio de 1947. No obstante, Cooke lo presentó ante Perón en 1953 y Olmos le propuso la creación de una Secretaría de Asuntos Latinoamericanos.

Al respecto, en la nota que le hicimos, su hijo mencionó entre los "problemas" que tenía su padre para el sostenimiento de la publicación el hecho de que "si bien él defendía concretamente al peronismo, no intervenía en ninguna de las facciones internas" del partido, "lo que determinaba que siempre tuviera problemas con todo el mundo". Su apreciación coincide con reflexiones de Cooke, quien atribuía a Olmos el carácter de "inmanejable"[38].

Del mismo modo se refiere a Olmos, Alberto González Arzac, amigo personal, lector desde los inicios de *Palabra Argentina* y militante de la Resistencia: "Nunca fue orgánico de nada. Por vocación, él tenía actividad política pero no sujeta a organizaciones partidarias".

Olmos se dedicó en los últimos años de su vida a investigar la deuda externa contraída por el gobierno de la dictadura de 1976. Murió el 24 de abril del 2000 sin conocer el fallo de la justicia sobre esa causa.

[38] Palabras extraídas de la entrevista realizada por el grupo de investigación a Alejandro Olmos hijo; allí también comenta que "según las correspondencias entre Perón y Cooke, el problema es que Olmos es inmanejable".

TERCERA PARTE

CONSTRUCCION Y DECONSTRUCCION[39] DE LA IDENTIDAD

El acontecimiento

° Industrialización con distribución

Avanzada la década del 30', se fueron aplicando una serie de medidas que desarrollaron una industria orientada al consumo interno para sustituir importaciones, lo cual generó la conformación de una clase obrera industrial importante. Si a partir del 30'se produce un proceso de acumulación de capital industrial por sustitución de importaciones sin distribución, desde el golpe militar de 1943 y, sobre todo con la irrupción de la figura de Perón en la escena política, comienza la segunda etapa que es la de distribución del ingreso del capital acumulado.

Las políticas intervencionistas se irán acentuando a partir de la Revolución del 4 de junio de 1943, en la que las Fuerzas Armadas terminarán con la llamada "década infame" controlada en lo político por los conservadores, socialistas independientes y radicales antipersonalistas. El gobierno militar pronto mostrará una orientación nacionalista[40] interviniendo en todas las esferas, principalmente la económica.

Recordemos que el mundo estaba en guerra desde 1939 y la concepción de Estado fuerte de los militares suponía evitar toda posibilidad de conflicto social. Para esto, era necesario mejorar las condiciones de los sectores populares muy relegados, alejando el peligro de la lucha de clases. El entonces coronel Perón levantará la bandera de justicia social sancionando una serie de medidas laborales que favorecerán al proletariado urbano y rural, dando inicio a un proceso de distribución del ingreso.

---

[39] No utilizamos la palabra deconstrucción en sentido derrideano. La deconstrucción es la generalización por parte del filósofo francés Jacques Derrida del método implícito en los análisis del pensador alemán Martin Heidegger, fundamentalmente en sus análisis etimológicos de la historia de la filosofía. Para Derrida, la deconstrucción es un tipo de pensamiento que critica, analiza y revisa las palabras y sus conceptos. En nuestro caso, nos referimos con ella a los intentos variados de destrucción de la identidad peronista por parte de los "libertadores".

[40] Rouquié, Alain, *Poder militar...*, t. II, ob. cit.

Durante estos años, el Estado jugará un rol fundamental en la economía como planificador; asimismo, controlará la producción, que se orientará hacia el mercado interno.
El Estado populista, siguiendo la definición de Horacio Tarcus[41], tendrá las siguientes particularidades:
- Es un Estado mediador entre el capital y sectores del trabajo organizados en un sindicalismo burocrático.
- Desarrolla e integra diversos sectores a través del consumo, por crecimiento de una industria dedicada al mercado interno.
- Transfiere recursos del agro a la industria.
- Reúne a través de un "pacto social" una alianza de clases entre el proletariado, la pequeña burguesía agraria y la burguesía industrial local.
- Interviene activamente en la economía realizando inversión directa y promoviendo la industria principalmente liviana. Asimismo, nacionaliza empresas privadas de sectores "vitales" de la economía.
- Busca la integración de las masas al Estado, incorporando sus demandas, realizando una distribución progresiva del ingreso.
- Un líder que interpreta la voluntad de su pueblo supone una visión homogénea del cuerpo social.
- Es un Estado que apela al principio de la mayoría como base de legitimación.

A dicha caracterización hecha por Tarcus, agregaremos que esta forma que adquiere el Estado, la del "Estado populista", establece un cambio de relación entre la sociedad civil y el Estado, ya que amplía la integración no sólo económica sino social de sectores que hasta el momento se hallaban excluidos de las políticas estatales.
Aclara Hugo Quiroga[42]: "se trata ahora de un Estado distribucionista que articulará con sus súbditos una nueva relación a partir de la ampliación de sus funciones, organizando el conjunto de la actividad económica y social, lo que favorece no sólo la integración económica de amplias capas de la población sino también la política ideológica".
Sobre la base de las consignas de soberanía política, independencia económica y justicia social, la alianza que se forma en estos años entre el movimiento obrero, sectores industriales amparados bajo el ala estatal y gran parte de las Fuerzas Armadas, logrará superar sus contradicciones de intereses y marcará el conflicto

[41] Cf. Tarcus, Horacio, *La crisis del estado populista, Argentina 1976-1990*, IADE, Buenos Aires, abril-mayo 1992.

[42] Véase Quiroga, Hugo, *Estado, crisis económica y poder militar (1880 –1981)*, Buenos Aires, Biblioteca Política Argentina, 1985, p. 36.

entre los dos proyectos de país, el industrial y el agro-exportador, que hasta este momento nunca había visto disputada su hegemonía a pesar de su cambio "coyuntural" de la década del 30'.

Jorge afirma que en esos años se produjeron "incrementos netos de la demanda interna en función de los altos niveles de empleo, de la incorporación de amplios sectores de la población al estilo de vida y consumos urbanos y a la política de incremento de salarios"[43].

Siguiendo la reflexión de Olmos en el N° 1 de *Palabra Argentina* del 14 de noviembre de 1955[44], cuando afirma que "antes de 1943 el país participaba de las condiciones específicas que definen a un país colonial...", cabe afirmar que los sucesos que siguieron a 1943, como vimos precedentemente, pueden interpretarse como las consecuencias de un acontecimiento histórico.

Si por acontecimiento entendemos un exceso de significado, ya que éste aun formando parte de la situación no puede ser explicado por los recursos (conocimientos vigentes) de la misma, el viejo conocimiento se presenta como impotente para pensarlo, obligando, por ende, a pensar más allá de sus límites. Esto significa toparse con lo impensable de esa situación.

Paul Ricoeur utiliza la palabra "ruptura" para referirse a la irrupción del acontecimiento, pues con ello se da cuenta de una falla que resquebraja desde el interior la presunta idea englobadora y totalizante de la historia de un país, pudiéndose seguir por la huella los efectos devastadores de esta falla.[45] El alcance de un acontecimiento expresa la persistencia de sus efectos lejos de la fuente.

El peronismo sería la consecuencia de ese acontecimiento que no hizo sino profundizarlo, ya que a la presencia del Estado en la economía, suma ahora nacionalizaciones y la integración de las clases trabajadoras, como dijimos. Bajo esta interpretación, puede encuadrarse lo que Olmos dice en la página 7 del mismo número de la publicación: "...Perón es un claro ejemplo de un mito analizado filosóficamente: él representó una leyenda para las masas, su redención...Se adora al hombre que les reconoció su condición humana".

"...El homenaje no es el producto de una depravación colectiva, sino del sortilegio que es privilegio de los 'hombres-factores', de aquellos que encaran una etapa de transformaciones".

Y más abajo agrega: "Se ha sufrido un 'fenómeno de época', en el cual se dan todas las perturbaciones: las más grandes obras y las más grandes corrupciones. Igual que en la Revolución Francesa", por ende "es necesario apreciar los hechos con criterio

---

[43] Jorge, Eduardo, *Industria ...*, ob. cit., p. 155.

[44] *Palabra Argentina,* N° 1, 14 de noviembre de 1955, p. 4.

[45] Ricoeur, Paul, *La memoria, la historia, el olvido*, trad. de Agustín Neira, México, FCE, 2004, p. 394.

histórico y filosófico". Por ello "...el juicio a Perón implica un juicio a todo un proceso histórico. Y esto no puede estar limitado a los estrados de los tribunales sino que pertenece a la Historia".
En el N° 18 de *Palabra Argentina* del 9 de abril de 1957[46], Olmos se refiere a esa ruptura del curso histórico con claridad: "La sublevación de junio fue el tajo que abrió en dos la historia de un siglo. De un lado, la colonia, del otro, un pueblo libre...Y en la secuencia del acontecer nacional, la pueblada del 17 de octubre señala la cristalización del impulso revolucionario que sacudió a la República. El movimiento de masas dio contenido popular al movimiento de junio y en la hermandad de las armas y el trabajo, se fundó la concepción naciente de una Argentina que surgió al mundo con la pujanza de las grandes transformaciones históricas".

° Perón y la ruptura de un pacto implícito

Basándonos en Michel Foucault en *La verdad y las formas jurídicas*, la Revolución Libertadora puede interpretarse como la respuesta a la ruptura de un pacto social implícito, aquél concertado por la oligarquía desde 1930 hasta 1943.
En efecto, el golpe militar de junio de 1943 marca un hito en la historia argentina, ya que se tratará del primer levantamiento efectivo en el que las Fuerzas Armadas no actuarán como representantes de otro actor político. No contarán con el aval, al menos efectivo -aunque es posible que hayan actuado por omisión–, de las clases dominantes argentinas.
Y son las Fuerzas Armadas las que llevarán y orientarán desde el aparato estatal la conformación de una alianza con los obreros que le dará a Perón, en febrero de 1946, el triunfo electoral.
La "Libertadora" equipará a Perón con un criminal que perturba la sociedad, pues crimen y ruptura del pacto social son nociones equivalentes. El criminal deber ser considerado un enemigo interno. Perón, visto de igual modo, es un enemigo que no pertenece al cuerpo de la sociedad, ya que al romper el pacto, él mismo *se ha colocado fuera del espacio de la ley.*[47]
Bajo el título de "Del poder absoluto y el miedo", el editorial de *La Prensa* del 17 de febrero de 1956[48], hace referencia a que estos dos estados, el poder absoluto y el miedo, siempre se dan conjuntamente. El dictador vive temblando aún en los

[46] *Palabra Argentina*, N° 18, 9 de abril de 1957, p. 2
[47] Para los "libertadores" Perón se había colocado fuera de la ley, propiciando con ello la promulgación del llamado "estatuto constitucional".

[48] *La Prensa*, 17 de febrero de 1956, p. 3.

períodos de mayor ejercicio del poder coercitivo, ya que nadie puede salirse de las normas éticas sin dejar de sentirse culpable. Una especie de Superyo freudiano le infligirá una suerte de autocastigo. Y lo mismo ocurre con el gobernante que deja de aplicar las leyes o no se somete a los dictados de la Constitución.
Pero en un régimen de libertad esta persona mendaz no puede sobrevivir mucho tiempo. De allí que busque la dictadura,[49] "régimen de silencio en torno de los extravíos y las culpas".
El dictador teme mucho más que el gobernante constitucional que yerra. "En el dictador el temor adquiere dimensión de miedo" por lo que ha destruido y por la "obra destructiva que realiza". Presiente la Historia y su veredicto. "...De César a Vespasiano nueve príncipes desaparecen con muerte violenta...El miedo de los súbditos asusta al poder, porque engendra el odio y el espíritu de rebelión".
Pero el dictador demagogo (el caso de Perón) disimula el miedo que siente de la rebelión que lo amenaza, y usa una "retórica apropiada que lo presenta como la emanación genuina del pueblo". En un proceso ascendente de autosugestión termina creyéndose un "ser colectivo". Usando un lenguaje hiperbólico, busca conmover la sensibilidad de las masas. Y como el fin supremo es la perdurabilidad en el poder, emplea cualquier medio para retenerlo. Es el "Príncipe" de Maquiavelo. Pero todo esto no le permite superar el miedo, y por eso cada día se vuelve más agresivo. Ya sin restricciones morales, amenaza permanentemente. "El técnico de la opresión, impulsado por el temor de perder el poder absoluto mal habido –no hay maneras legítimas de alcanzar la suma del poder público ni con presuntos plebiscitos- se entrega a perfeccionar sus métodos ya conocidos y practicados: expropiaciones ilegales, tortura legal y física, incitación al asesinato individual o colectivo, incendio de bibliotecas y templos religiosos, sobornos con dineros de la Nación, relajamiento

[49] El uso de los términos dictadura y dictador para caracterizar al régimen de Perón y a su persona, son absolutamente incorrectos. Agamben hace referencia a que éstos son empleados con bastante ligereza, aún en los casos de la caracterización del fascismo y del nazismo como tales. La referencia de Agamben al respecto dice así: "En la doctrina del derecho político moderno está muy extendido el hábito de definir como dictaduras a los estados totalitarios nacidos de las crisis de las democracias después de la Primera Guerra Mundial. Es así que tanto Hitler como Mussolini, tanto Franco como Stalin son presentados indistintamente como dictadores. Pero ni Mussolini ni Hitler pueden ser definidos técnicamente como dictadores. Mussolini era el jefe de gobierno, investido legalmente con tal cargo por el rey, así como Hitler era el canciller del Reich. Aquello que caracteriza tanto al régimen fascista como al régimen nazi es que ambos permitieron que subsistieran las constituciones vigentes (respectivamente el Estatuto Albertino y la Constitución de Weimar) –según un paradigma que ha sido definido agudamente como el 'Estado dual'- poniendo junto a la Constitución legal una segunda estructura, a menudo jurídicamente no formalizada, que podía existir al lado de la otra sólo gracias al estado de excepción. El término 'dictadura' es del todo inadecuado para dar cuenta de tales regímenes desde el punto de vista jurídico, así como por otro lado la oposición seca democracia/dictadura es equívoca para el análisis de los paradigmas gubernamentales hoy dominantes". (Cf. Agamben, Giorgio, *Estado de...*, ob. cit., p. 79).

general de las costumbres, etc... El hombre cuya apetencia de poder absoluto es insaciable es la única criatura mortal que no percibe el eterno deslizarse del tiempo que se lo lleva todo. El tiempo colabora para la justicia y restablece la libertad, derecho natural[50] en permanente retorno". Así, a través de los medios, como afirma Olmos[51], se suscita una reacción de aversión, desprecio y condena, pues se enfatiza que Perón, además de ser insaciable de poder, en su lucha por la permanencia en él, emplea los más variados ardides. Como alguien del orden de lo divino, se ve a sí mismo al margen del tiempo y de su marcha inexorable.
Por su parte, los miembros del gobierno depuesto y sus seguidores son vistos como delincuentes comunes, y en el mejor de los casos, enemigos de la argentinidad. Por ello, "cada allanamiento, cada secuestro, cada detención ha sido publicitado en los diarios como si fuera una banda de delincuentes integrada por el ex presidente, legisladores, ministros, jueces, funcionarios (pues) antes de investigar, se dio probada la existencia del latrocinio"[52].
Perón, como dijimos, se colocó fuera de la ley, y como desde César hasta Vespasiano, el castigo puede ser la muerte violenta, ya que el espíritu de rebeldía – encarnado en la Revolución Libertadora- fue engendrado por sus propias obras.
La consecuencia de este veredicto será el aislamiento dentro del espacio moral y público constituido por la opinión, lo cual trae aparejado el castigo como escándalo, la humillación y la vergüenza de quien cometió la infracción.

El poder y la verdad

Las condiciones políticas y económicas de existencia no son un velo o un obstáculo para el sujeto de conocimiento sino aquello a través de lo cual se forma. Las condiciones políticas son, asimismo, como el suelo en el que se forman el sujeto, los dominios de saber y las relaciones de verdad [53].
El 23 de septiembre de 1955, el general Lonardi asume como presidente provisional con el contralmirante Rojas como vicepresidente, pronunciando en el balcón de la Casa Rosada un famoso discurso en el que, aludiendo a frases de Urquiza, ciento tres años antes al ingresar a Buenos Aires al vencer a Rosas, afirma que "la victoria no da derechos" y que "en esta lucha no hubo ni vencedores ni vencidos".

[50] Hablar de la libertad como un derecho natural, implica presuponer –a la manera de los contractualistas- la existencia de un "estado de naturaleza" ahistórico anterior al consentimiento de los hombres para fundar un estado político.
La libertad es una construcción histórica, por ello, su contenido no es inmutable.
[51] *Palabra Argentina*, N° 1, 14 de noviembre de 1955, p. 2.
[52] Ibídem.
[53] Fuocault, Michel, *La verdad y la formas jurídicas,* trad. de Enrique Lynch, Barcelona, Gedisa, 2003.

Rápidamente conforma un gabinete compuesto por varias personalidades ideológicamente ligadas al nacionalismo como Mario Amadeo en el Ministerio de Relaciones Exteriores, Atilio Dell´Oro Maini en Educación y Juan Carlos Goyeneche como secretario de Prensa, entre otros. Intenta, de ese modo, frenar el avance de los sectores más antiperonistas de la Revolución Libertadora, que pretendían realizar una rápida vuelta al Estado liberal anterior al 43'.
Olmos, en la lucha de poder por la institución de la verdad sobre el quehacer histórico, afirma reiteradamente que él tiene "el derecho irrenunciable a proclamar la verdad", por ello ve la necesidad de mostrar que la Revolución Libertadora prometió "ni vencedores ni vencidos", pero se está apartando de esta bandera fundacional. El camino iniciado en 1955 parece bifurcarse entre los que buscan la verdad sin persecuciones, y aquellos que representan fuerzas regresivas que postulan un volver a la Argentina anterior a 1943. Son los que quieren venganza, destrucción y muerte. En definitiva, aquellos que se mueven por las pasiones, dejando de lado las ideas. Por eso pretende "penetrar en la naturaleza esencial de las cosas y no dejarse seducir por los espejismos y el brillo de las apariencias"[54].
Sin embargo, no existe tal verdad esencial en contraposición a la mentira de las apariencias. La realidad histórica no presenta una dualidad.
Concebimos la historia como un discurso actual que organiza un sentido al devenir pasado. La historia como despliegue de la esencia humana obliga a eternizar al hombre existente.
Asimismo, ante el Decreto dado a conocer el 2 de marzo de 1956, por el cual se prohíben los símbolos, imágenes, palabras, nombre propios, es decir todo aquello que pudiese ser relacionado con el peronismo, Olmos afirma que puede contemplarse el hecho de que se hayan prohibido los símbolos, canciones partidarias y las denominaciones peronistas, pero lo que es inadmisible es la prohibición por decreto de las definiciones doctrinarias, violando de esta forma la "libertad espiritual de la ciudadanía" al reprimirse las afirmaciones ideológicas. Y agrega que cuando está de por medio una depuración, es necesario distinguir "entre lo falso y lo verdadero, lo fundamental de lo accesorio, lo policial de lo político"[55]. Nuevamente en este caso, Olmos interpreta la realidad a partir de categorías duales, en el sentido que las palabras, nombres y símbolos representarían lo "accesorio, falso, aparente", mientras que las definiciones doctrinarias e ideológicas conformarían lo "verdadero y fundamental".
En todo proceso histórico se da una lucha por la posesión de la verdad, lo cual conlleva la lectura que se hace del pasado. La historia es conflicto entre intereses

[54] *Palabra Argentina*, N° 1, 14 de noviembre de 1955, p. 1.
[55] *Palabra Argentina*, N° 5, 10 de mayo de 1956, p. 1.

sociales, económicos, políticos, concepciones del mundo, visiones de la ética, de la religión. El conflicto también involucra las simbologías y las nominaciones. No hay, por lo tanto, una lectura unívoca y homogénea de la historia.

No hay una historia esencial –la verdadera- y otra superficial, fenoménica –la falsa-, que lucharían para imponerse una sobre otra. Ninguno de los contendientes históricos lleva el sello de una verdad esencial, lo cual no significa que haya sectores que por su posición social puedan conducir un proceso más integrador, progresivo, autónomo.

Creer en verdades esenciales –casi del orden de lo sagrado- puede conducir a la implantación de estados totalitarios, y a desarrollar una especie de violencia ejemplar con la consecuente destrucción de todo aquel o aquello que obstaculice su camino.

Algo conceptualmente similar a lo expresado por Olmos, se halla en el discurso pronunciado por el presidente provisional Aramburu el 1° de mayo de 1956 en la ciudad de Concepción del Uruguay, Entre Ríos: "Nadie debe temer (ricos, pobres, viejos, jóvenes, argentinos o extranjeros), ante la inquietud que vive el país. Muchas inquietudes son ficticias, y de ellas se valdrán para hablar de entrega, revanchismo, enriquecer a unos y empobrecer a otros. Pero la Revolución no tiene entrelíneas, sus palabras representan una verdad íntegra, resultado de un estado de honestidad y patriotismo"[56]. Se cree que el discurso puede transparentar la verdad tal cual es: virgen, desnuda, imperial. En este caso, las palabras serían espejos que reflejan la verdad sin deformidad, intereses, arbitrariedades, pasiones ni ideologías.

Del discurso pronunciado por Aramburu en Mar del Plata, que *La Prensa* del 17 de febrero de 1956[57] transcribe bajo el título "Aramburu proclamó la posición del gobierno ante el pueblo y el mundo", nos interesa destacar dos puntos. Aquél que dice que "la Revolución afirma que los hijos de esta tierra creemos en *nuestra única Argentina con su única historia*[58]", y "son enemigos irreconciliables de la argentinidad cuantos pretenden deformar el alma nacional, lo hagan desde dentro o lo hagan desde fuera".

La victoria es el triunfo del poder junto con la verdad. "Victoria" y "verdad" son sinónimos. Una requiere de la otra. Hay "verdad" porque hay "victoria" y toda "victoria" establece una "verdad". La verdad reside en lograr que los demás crean que la verdad es lo que yo creo que la verdad es. Hacer política es "luchar por la verdad", pero no por la verdad casta de los buenos modales sino por la posesión de la verdad.

---

56 *La Prensa*, 2 de mayo de 1956, p. 1.

57 *La Prensa*, 17 de febrero de 1956, p. 5.

58 El subrayado es nuestro.

Occidente, asimismo, está dominado por el gran mito de que la verdad nunca pertenece al poder político, de que éste es ciego, de que el verdadero saber es el que se posee cuando se está en contacto con dimensiones más altas. Este mito es el que Nietzsche[59] comenzó a demoler, pues el poder político no está ausente del saber, sino que está tramado con éste. Además la filosofía occidental siempre caracterizó al conocimiento por el logocentrismo, la semejanza, la adecuación, la beatitud, la unidad. Para Jacques Derrida, por ejemplo, el sentido y la racionalidad del discurso instituido, la búsqueda de un fundamento inmutable y de la identidad y homogeneidad encierran lo que llama el "logocentrismo" del discurso tradicional.[60]
Nietzsche, por el contrario, coloca en la raíz del conocimiento el odio, la lucha, la pasión, la relación de poder.[61]
Esto aparece con claridad en varios artículos de *La Prensa* referidos a las investigaciones llevadas a cabo por comisiones organizadas por la Revolución Libertadora para descubrir "las mentiras tejidas por el régimen depuesto, y poner en su lugar la verdad revelada por las investigaciones", que a su vez justifique las represalias asumidas por los "libertadores"[62]. Entre ellos vamos a citar tres casos.
1. En su edición del 3 de febrero de 1956[63], *La Prensa* da cuenta de un informe de la Comisión Nacional de Investigaciones relacionado con la supervisión de empresas que tenía a su cargo Vicente Carlos Aloé y en la cual aparece como su propietario. Por la misma, la totalidad de los diarios de la capital y del interior, agencias noticiosas, imprentas y radioemisoras sólo estaban confiados al cuidado de Aloé, pero pertenecían al ex presidente y a su extinta esposa. En realidad, Aloé aparecía como gestor de las mismas desde 1946. Una vez fallecida Evita y hasta el derrocamiento de Perón, la actividad estuvo en sus manos exclusivamente. Según la investigación, el delito fue el de monopolización, y el artículo de *La Prensa* pasa a citar la lista de las empresas propiedad de Perón y administradas por Aloé.

---

[59] Cf. Nietzsche, F., *Sobre verdad y mentira en sentido extramoral*, trad. de Luis M. Valdés y Teresa Orduña, Madrid, Tecnos, 1994.

[60] Cf. Derrida, Jacques, *La escritura y la diferencia*, trad. de P. Peñalver, Barcelona, Anthropos, 1989.

[61] Cf. Foucault, Michel, *La verdad…*, ob. cit.

[62] Enrique Maceiras en la entrevista realizada afirma que "la única exigencia (del diario) era la objetividad, que implica la verdad". La ecuación objetividad=verdad no es sostenible. Detrás de todo hecho hay interpretaciones, incluso contrapuestas.

[63] *La Prensa*, 3 de febrero de 1956, p. 10.

2. Más adelante, en la edición de *La Prensa* del 8 de mayo de 1956[64], y bajo el título "La dictadura tuvo en la ex Secretaría de Prensa su principal instrumento", se sigue narrando los resultados de las investigaciones de la Comisión Nacional, en este caso la llevada a cabo respecto de la Secretaría de Prensa y Difusión del gobierno peronista. Según la investigación, dicha Secretaría habría sido el "principal instrumento de la acción totalitaria del gobierno derrocado". Se insiste en que los delitos cometidos (espionaje, propaganda, regimentación de la prensa) sólo son comparables con la época de Rosas.
Mientras duró la "dictadura" se puso en práctica el régimen de censura previa en lo informativo que fue perfeccionándose hasta 1949, cuando alcanzó su perfil definitivo.
Existió total identificación entre el "tirano depuesto" (no se nombra a Perón)[65] y esa dependencia. "Fiel a sus caprichos, era un aparato coercitivo de la opinión pública. Todos los controles ideológicos sobre la prensa, la cinematografía, la radiofonía y la televisión eran planificados minuciosamente sin que faltara el desahogo de las pequeñas pasiones del titular de la ex secretaría y la obra de gobierno era la excusa invocada para cubrir las ocurrencias de la 'pareja gobernante'". Se gastaron millones de pesos para violentar la conciencia ciudadana y deformar la mentalidad popular, suscitando odios y resentimientos entre los argentinos, impidiendo que llegaran a la opinión pública otras voces y otras ideas que las del partido oficial, proscribiendo cualquier intento contrario.
"Su finalidad esencial era establecer un enorme foco de irradiación política a las órdenes del tirano para fundir al partido y al gobierno en un solo cuerpo".
Asimismo, se encontró un estudio del Ministerio de Propaganda del III Reich en la caja fuerte de Apold, penúltimo secretario. La Secretaría, se dice, era un calco en menor escala del gigantesco ministerio manejado por Goebbels al servicio de Hitler.
3. "Instrumento de coacción de la dictadura fue Asuntos Políticos", editorial del 8 de junio de 1956 de *La Prensa*[66]. Allí se dice que tanto la Secretaría como el Ministerio de Asuntos Políticos fueron creados para llevar a cabo el espionaje sistemático de los opositores, y realizar venganzas personales.

---

[64] *La Prensa*, 8 de mayo de 1956, p. 8.

[65] Ante la pregunta formulada al periodista de *La Prensa,* Enrique Maceiras, acerca de si se cumplía de buen grado lo estipulado por el Decreto 4161 que prohibía nombrar a Perón, nos respondió: "...Éramos opositores. Entonces, en la redacción no había problemas. A lo mejor, en el taller podían insultar algunos. Tanto es así que nosotros no nombrábamos a Perón y cuando teníamos que hacerlo decíamos 'dictador' o 'tirano prófugo'. Y así nos manejamos".

[66] *La Prensa*, 8 de junio de 1956, p. 2.

A través de esta cartera se procuraba “mantener y acrecentar en la opinión pública nacional, la popularidad del gobierno en la persona del jefe del Estado como tal, y como libertador de la República”, con su permanente prédica sobre la justicia social. Este Ministerio de Asuntos Políticos creó la Fundación Evita que estaba liberada de impuestos, tenía más facultades que cualquier otro organismo y no rendía cuentas de sus actividades. En caso de su extinción, todo su patrimonio iría a manos del fundador, Juan D. Perón. Sus actividades, según la investigación, costaron al Estado más de $18.000.000.

Por otro lado, se consigna que “el gobierno de la dictadura y el partido oficialista nacieron, vivieron y murieron en permanente contubernio… No existió jamás línea demarcatoria entre ambos”.

Asimismo, todos los organismos y entidades estatales estaban obligados a dirigirse a la Secretaría de Asuntos Políticos para controlar la afiliación e ideología política de los integrantes de la administración pública.

Se auspiciaba la “supresión total de los llamados colegios extranjeros” y la enseñanza de idiomas extranjeros en los colegios privados.

Los bienes y muebles que tenían Perón y Evita, que se usaban en unidades básicas u otras instituciones, pertenecían al Congreso y a distintos Ministerios. Lo mismo ocurría con los medios de transporte. Otro punto se refiere a la coacción ejercida sobre el personal de la administración pública al que se obligaba a afiliarse al partido gobernante. Independientemente de la capacidad que se tuviera, para ingresar a la función pública era menester ser oficialista.

Se pasa a exponer los casos que probaría el sometimiento del Poder Judicial y del Poder Legislativo al dictador. “La inexorabilidad que tenían para con el adversario político, lo tenían también para con el correligionario cuando no era suficientemente obsecuente, pues seguían los procedimientos de las bandas de delincuentes para aplicar las venganzas”. La mayoría de estas “verdades” no pudieron ser probadas.

Los circuitos de la ideología

° Legitimación-justificación/falsificación

Para Ricoeur la ideología cumple la función de permitir el enlace de aquellos componentes vitales de la memoria colectiva que posibilitan que “el valor inaugural de los acontecimientos fundadores se transforme en el objeto de la creencia del grupo entero. De ello resulta que el acto fundador sólo puede ser revivido y reactualizado mediante interpretaciones que no cesan de remodelarlo

retroactivamente, y que el acontecimiento fundador se represente ideológicamente para la conciencia del grupo".[67]
Sin la creencia en un acto fundador de la comunidad, no habría para Ricoeur grupo social estable y perdurable. Esta representación ideológica vinculada a un supuesto acto inaugural es el cemento de toda comunidad, y lo que le da su sentido de ser más profundo.
Sin embargo, la función de integración de la ideología puede prolongarse en la función de legitimación y ésta en la de disimulo, dos funciones que eventualmente puede desempeñar la ideología, tal como Ricoeur lo ha recogido de las lecturas hechas de las obras de Marx.[68]
Para Ricoeur esta forma falsificadora de la ideología, en realidad implicaría una forma patológica que es motorizada para cumplir el otro papel, como es el de justificar como ideas universales "las ideas de la clase dominante", la otra posibilidad desempeñada por la ideología en la concepción marxista. Sostiene al respecto que: "la ilusión no es el fenómeno fundamental, sino una corrupción del proceso de legitimación, el cual se arraiga en la función integradora de la ideología, y la tesis inversa según la cual toda idealización se transforma ineluctablemente en distorsión, en disimulo, en engaño".[69]
Cómo se pone en movimiento este circuito legitimación-justificación/falsificación, Ricoeur lo sintetiza como sigue: "Partamos nuevamente de nuestro ejemplo, el de una comunidad que conmemora los acontecimientos que considera fundacionales de su existencia. Es difícil que el fervor de los orígenes se mantenga; muy pronto, la convención, la ritualización, la esquematización se mezclan con la creencia, contribuyendo así a una especie de domesticación del recuerdo. Parecería que la ideología sólo puede conservar su poder movilizador si se ocupa de justificar a la autoridad...Esto se ve en la manera como la conmemoración se transmuta tan fácilmente en argumento estereotipo: afirmamos que está bien que seamos como somos. La ideología continúa degenerándose si se considera con qué simplificación a menudo grosera, y con qué esquematización a menudo arrogante, se prolonga el proceso de integración en el de legitimación. Poco a poco, la ideología se convierte en una clave de lectura artificial y autoritaria no sólo de la manera de vivir del grupo, sino también de su lugar en la historia del mundo. Al transformarse en visión del mundo, la ideología se convierte en un código universal para interpretar todos

[67] Ricoeur, Paul, "La ideología y la utopía...", en *Del texto...*, ob. cit., p. 355.

[68] Ricoeur, P. *Ideología y utopía*, trad. Alberto L. Bixio, Madrid, Gedisa, 2001.

[69] Idem, p. 356.

los acontecimientos del mundo. Poco a poco, la función justificadora contamina a la ética, a la religión y hasta a la ciencia".[70]

A principios de octubre, durante el gobierno de Edelmiro J. Farrell, Perón fue obligado a renunciar a todos los cargos públicos que ocupaba con el objetivo de desarticular su programa político. Fue detenido y trasladado a la isla Martín García. Pero, luego de una larga deliberación y votación ajustada, los sindicatos reunidos en la CGT convocaron a una concentración en Plaza de Mayo para el 18 de octubre a fin de solicitar la libertad y el regreso de Perón. La fecha se adelantó un día, y el 17 de octubre de 1945 miles de trabajadores provenientes principalmente del cordón industrial del Gran Buenos Aires, y al grito de "sin galera ni bastón...los muchachos de Perón", se acercaron a Plaza de Mayo reclamando su presencia. El gobierno debió finalmente ceder a la presión popular y Perón fue trasladado desde el Hospital Militar, donde estaba alojado entonces, hasta la Casa de Gobierno donde pudo estrenar su saludo con los brazos en alto.

El peronismo ha vivido esta fecha como su acto fundador. Ese día colisionaron dos proyectos de país. En este sentido, distintos autores han definido al enfrentamiento peronismo – antiperonismo como la extensión de un conflicto que tendría larga data en nuestro país entre nacionalismo y liberalismo, y que no se resolverá en estos años sino que, por el contrario, se agravará asumiendo distintas formas. El peronismo como fenómeno político particular reformulará tal disputa.

De igual manera que el peronismo se legitima en esa fecha, la oposición ha buscado reiteradamente deslegitimarla. "El día 17 de octubre de 1945 se simuló que un coronel había sido arrestado y secuestrado y que el pueblo de Buenos Aires lo rescataba; nadie se detuvo a explicar quiénes lo habían secuestrado ni cómo se sabía su paradero. Tampoco hubo sanciones legales para los supuestos culpables ni se revelaron o conjeturaron sus nombres. En un decurso de 10 años las representaciones arreciaron abundantemente; con el tiempo fue creciendo el desdén por los prosaicos escrúpulos del realismo. En la mañana del 31 de agosto, el coronel, ya dictador, simuló renunciar a la presidencia, pero no elevó la renuncia al Congreso sino a funcionarios sindicales, para que todo fuera satisfactoriamente vulgar...Antes que anocheciera, el dictador salió a un balcón de la Casa Rosada. Previsiblemente lo aclamaron; se olvidó de renunciar a su renuncia o tal vez no lo hizo porque todos sabían que lo haría y hubiera sido una pesadez insistir. Ordenó, en cambio, a los oyentes una indiscriminada matanza de opositores y nuevamente lo aclamaron. Nada, sin embargo, pasó esa noche; todos sabían o sentían que se trataba de una ficción escénica...Ya Samuel Johnson observó en defensa de Shakespeare que los espectadores de una tragedia no creen que están en Alejandría durante el primer acto

[70] Ricoeur, P., *Del texto...*, ob. cit., p. 355.

y en Roma durante el segundo pero condescienden al agrado de una ficción. Parejamente, las mentiras de la dictadura no eran creídas o descreídas; pertenecían a un plano intermedio y su propósito era encubrir o justificar sórdidas o atroces realidades…”.[71]

Este largo párrafo de *“L'illusion comique”* de Jorge L. Borges nos permite ver cómo este escritor intenta desestimar hechos históricos valiéndose de los distintos planos en los que ha operado la ideología –en este caso peronista. Borges está afirmando que las personas presentes ese 17 de octubre en la Plaza de Mayo vivieron una ilusión, una ficción, la cual se siguió conmemorando durante los años sucesivos, pero tal conmemoración no servía sino para “encubrir” actos atroces del gobierno.

En este caso, estaría en la oposición la tarea de falsificar los hechos mostrando aquello que, en realidad, se quiere disimular.

No obstante, inmediatamente después de la “Revolución Libertadora” se ponen en marcha los mismos mecanismos ideológicos que se buscó desenmascarar. En efecto, esta Revolución implicó para los antiperonistas un nuevo acto fundador, sumándose a los otros intentos por estabilizar la República liberal: Mayo y Caseros. Así como Caseros terminó con la primera tiranía, la Libertadora derribó a la segunda. De aquí en más, se buscará legitimar desde lo discursivo *–La Prensa-* los actos de gobierno, del mismo modo que *Palabra Argentina* buscará deslegitimarlos mostrando cómo detrás de ellos se esconde la vuelta al poder de los viejos sectores dominantes y la realineación de éstos con la potencia dominante: Estados Unidos.

Asimismo, y como el mismo Borges intentó demostrarlo, la ideología conlleva un lado patético para justificar el quehacer de un grupo. Este patetismo llegó a un punto culminante cuando un tal “capitán Gandhi” fue designado por el vicepresidente Isaac Rojas como secretario de la Comisión Nacional de Investigaciones, instituida el 17 de noviembre de 1955. Este supuesto capitán era el encargado de interrogar sobre el “discutido episodio de la quema de una bandera nacional”[72].

Recordemos que el 11 de junio de 1955, la festividad católica habitual de Corpus Christi se transformó en una manifestación de la oposición al peronismo. Participaron de ella aproximadamente 100.000 personas que se congregaron frente a la Catedral metropolitana. Entre estas personas se encontraban varios creyentes, así como representantes de los principales partidos de la oposición como el Radicalismo y el Partido Socialista, quienes se manifestaron contra el gobierno y cantaron consignas católicas. La procesión se realizó a pesar de la prohibición oficial de

[71] Borges, Jorge L., “*L'illusion comique*”, en *Revista Sur*, N° 237, noviembre-diciembre 1955, pp. 9-10.
[72] *Palabra Argentina*, N° 3, 12 de diciembre de 1955, p. 4.

manifestarse en las calles, y culminó con una Catedral desbordada durante la misa brindada por los obispos Tato y Novoa.
En un hecho confuso frente al Congreso, grupos no identificados pusieron una bandera del Vaticano en lugar de la argentina a la cual incendiaron, arrancando varias placas recordatorias de Eva Perón[73].
Del 11 al 16 de junio de 1955, el gobierno realizó actos de desagravio a la bandera nacional en las distintas reparticiones estatales y expulsó a Tato y Novoa del país, exiliándolos en Roma. Perón comenzó una investigación para revelar los hechos sucedidos el 11 de junio. Los miembros del gobierno argentino, por su parte, fueron excomulgados por el Vaticano.
La Comisión Nacional de Investigaciones de noviembre de 1955 aseguró que la orden de quemar la insignia nacional partió del Jefe de Policía, Miguel Gamboa, y del ministro del Interior, Angel Borlenghi.
El "capitán Gandhi", secretario de la Comisión, en realidad llamado Próspero Germán Fernández Alvariño, además de tener antecedentes policiales representa "el hecho inaudito, único quizá, en los anales públicos del país. En la ceremonia del Congreso en la cual se procuró desagraviar a la enseña nacional criminalmente quemada el 11 de junio, dicho desagravio se puso en manos de un usurpador", pues ni siquiera era oficial de las Fuerzas Armadas[74]. Olmos sigue más abajo, "es difícil explicar este hecho inconcebible que cuenta con la anuencia aparente de los miembros de la Comisión Investigadora y de la Jefatura de la Policía Federal...".[75]

° Alusión/elusión/ilusión

El circuito legitimación-justificación/falsificación se ha puesto en movimiento. Se desagravia la bandera, símbolo por antonomasia de la fundación de la nación, a través de un supuesto capitán que lleva el nombre del líder pacifista de la India.
Dentro de este circuito, citaremos el editorial de *La Prensa* del 18 de febrero de 1956[76], que bajo el título "Despotismo y torturas", afirma: "Cuesta creer y comprender que en nuestro país y en nuestra época haya podido irse tan lejos en la crueldad y en el desprecio de la persona humana. ¿El hecho de vitorear a la libertad en la vía pública podía determinar semejante enfurecimiento y ensañamiento?

[73] Véase Caimari, Lila, *Perón y la Iglesia Católica*, Buenos Aires, Ariel, 1995.

[74] *Palabra Argentina*, N° 3, 12 de diciembre de 1955, p. 4.
[75] Ibídem.

[76] *La Prensa*, 18 de febrero de 1956, p. 8.

Aunque la brutal represión fuera ordenada en esa forma por el dictador, se concibe que los funcionarios de tan elevada jerarquía no se resistieran a cumplir lo que la ley prohíbe, lo que la moral repudia, lo que la humanidad execra. El deber deja de serlo cuando la orden del superior implica un delito". Y se pregunta "¿qué es el despotismo sino un trastorno general que en primer término echa por tierra la justicia y deja al hombre inerme contra los peores atentados". Cuando la justicia muere desaparece "la seguridad individual y afloran a la superficie los elementos que se gozan con las más horrendas arbitrariedades". "Sin arriesgarnos en la tesis escalofriante de Mirabeau –el crimen forma parte de la naturaleza humana-, debemos buscar la explicación por otro camino", afirma *La Prensa*. "Aún en las sociedades más adelantadas y civilizadas existen elementos anormales, perversos y antisociales, cuyas inclinaciones morbosas se reprimen o se esconden a sí mismas en las épocas normales por temor a la sanción inminente. Pero cuando la sociedad atraviesa por intensos trastornos que modifican el orden jurídico y las relaciones civiles, tales como las guerras o las revoluciones, se crea el ambiente propicio para que les dé pronta salida a los impulsos contenidos. Es la hora de la libertad para el delito. Entonces salen de madre todas las corrientes de la maldad y la delincuencia". Ante esta aseveración, debemos preguntarnos, ¿y no habrán subido a la superficie los impulsos violentos pues se dio un ambiente propicio para ello, como es una revolución por las armas que destituyó el gobierno imperante? Los propios argumentos utilizados por el diario se le vuelven en contra; el disimulo y la falsificación se hacen evidentes. En este editorial se elude la referencia al movimiento del 55' como "revolucionario" y a sus consecuencias violentas y persecutorias. Se alude a él pero eludiéndolo para crear la ilusión de que se ha vuelto a la vida normal de la República con los actos de septiembre del 55', así, el circuito alusión/elusión/ilusión ha hecho irrupción en el discurso de *La Prensa*.

En *Palabra Argentina* número 17 del 2 de abril de 1957[77], aparece el tema de la justificación de los actos a través de la falsificación de hechos pasados que fueron oportunamente legitimados, en la carta enviada por ex legisladores peronistas encarcelados luego de los levantamientos de junio. Allí se dice que "solamente ejércitos extranjeros de ocupación han dejado ejemplos que sirven como antecedentes a este juicio...Un régimen carcelario ilegal e inhumano; la devolución del primer escrito que presentáramos en dos pedazos; el impedir que alguno de los procesados haga su propia defensa...Es necesario que tengan oportunidad de meditar sobre la enorme persecución que desde hace un año y medio somos objeto y que va dejando en todos los argentinos una secuela de odios que costará mucho tiempo aplacar. No se pide pacificación y sacrificios con palabras si no se da el

[77] *Palabra Argentina,* N° 17, 2 de abril de 1957, p. 4.

ejemplo aplicando en cada caso principios de justicia y no resabios de rencores al parecer aun insatisfechos...La república se está despedazando institucional y moralmente...una revolución que tuvo como intención declarada 'la restauración del imperio del derecho', encarcela y juzga a los miembros de un gobierno que contó siempre con amplio apoyo popular indiscutido, en nombre de una Constitución Nacional a la que se le ha quitado vigencia por un decreto".

¿Qué identidad?

Es Ricoeur quien viene en nuestro auxilio cuando señala que responder la pregunta por la identidad es responder la pregunta por el ¿Quién?, es decir responder la pregunta ¿Quién actúa?, ¿Quién piensa?, ¿Quién hace?. La respuesta a la pregunta ¿quién? sólo puede hacerse narrativamente por medio de la construcción de un relato histórico que implica seleccionar/tejer una trama.

La pregunta por la identidad es una pregunta problema porque supone asumir la paradoja de la unidad múltiple.

Rechazamos todo intento de buscar un sustrato, una sustancia que nos sirva como fundamento último de la identidad –en nuestro caso la que construyeron o reconstruyeron los miembros de la Resistencia, y los miembros de la oposición. Se revela así la imposibilidad de brindar una respuesta lineal, cerrada, hermética y definitiva erguida sobre un terreno firme sin fallas. La identidad es más bien un itinerario, una trama histórica actualizada en la que emergen dos polos: uno nos muestra la continuidad y la permanencia de ciertos rasgos de carácter, de ideas, prácticas, tradiciones, ritos, valores, concepciones y creencias. Este polo de la identidad es el de la unidad-idem y nos permite ver un peronismo idéntico a sí mismo perdurable a través del tiempo. Pero también emerge otro polo, el de la multiplicidad-ipse que se presenta como más dinámico, nos revela la diversidad, la heterogeneidad en esa unidad, el cambio con el paso del tiempo.[78]

Asimismo, no existe un concepto puro de identidad que no contemple la intervención de la alteridad en su proceso de constitución.

° Pueblo *versus* oligarquía

Palabra Argentina intenta en sus inicios construir una identidad amplia, más amplia que la que se puede condensar en el llamado "peronismo", de ahí que Olmos afirme

[78] Véase al respecto, Ricoeur Paul, *Sí mismo como otro*, trad. de Agustín Neira, Madrid, Siglo XXI Editores, 1996, p. 113.

en el N° 1[79]: “Es una *Carta Abierta* al Gobierno Provisional de la República. Más que una carta, constituye el mensaje de una inquietud argentina que no es solamente mía, sino de un gran sector de la opinión nacional que entiendo interpretar… Nadie puede sustraerse a la tarea de aportar su acción o su pensamiento al triunfo de la causa popular que no puede ser propiedad de hombres, partidos o instituciones”.
Cuando aún había un tono esperanzador en sus palabras, en *Palabra Argentina* N° 1, Olmos se pregunta: “¿Cómo se puede en nombre de la Revolución Libertadora propiciar el fraude o poner barreras a un partido para presentarse a elecciones?”[80], ya que “está por disolverse el Partido Peronista”. “En todo caso, afirma Olmos, que se le cambie el nombre” para evitar el personalismo, “pero colocarlo fuera de la ley equivaldría a la proscripción de una opinión política”.
Asimismo, agrega que “el pueblo está siendo vencido no por el movimiento militar sino por las fuerzas regresivas” (caracterizadas como reacción capitalista que monopoliza los halagos del gobierno), insistiendo en “volver a la bandera ‘ni vencedores ni vencidos’”. “(Sin embargo) la Junta Consultiva obstaculiza este camino pues impone intereses partidistas y de cálculo”. Además en ella hay hegemonía de los “economistas”. ¿A quién representa la Junta Consultiva?, se pregunta. Y contesta: “Es la cruda expresión de la tendencia regresiva, impopular y arbitraria que amenaza la gestión del gobierno provisional”.[81] Como vemos, a esta altura del proceso político, Olmos discrimina entre los militares que protagonizaron la “Revolución Libertadora” y los políticos liberales que los asesoran, que forman parte de la Junta Consultiva.
No obstante, esto irá cambiando progresivamente en números posteriores, de acuerdo a cómo va mutando la relación con la oposición y con el propio movimiento militar del 55’. Recordemos que el 24 de octubre de 1955 se prohíbe la palabra “peronista”. Los sectores más antiperonistas del gabinete comienzan a presionar para que Lonardi incluya en el gobierno elementos liberales y tome medidas para intervenir la CGT, disolver el Partido Peronista, devolver el diario *La Prensa* a los Gainza Paz y comenzar la “desperonización” de una parte de la sociedad, así como tomar medidas de apertura económica[82].

---

[79] *Palabra Argentina*, N° 1, 14 de noviembre de 1955, p. 1.
[80] Idem., p. 2.
[81] En la nota realizada, Alejandro Olmos hijo nos dijo que “cuando se arma la Revolución Libertadora, mi viejo se da cuenta que todos sus amigos estaban en una posición no de modificar todas esas cosas perniciosas en que había degenerado parte del peronismo. Se da cuenta que la idea era otra, totalmente distinta. Es por eso que nunca integró ninguno de esos grupos. Y se le ocurre la idea del diario porque veía venir un concepto muy revanchista en la cosa, que en el primer tiempo Lonardi no fue tan así”.
[82] El general Eduardo Lonardi a través del Decreto 3855/55 había disuelto el Partido Peronista “en sus dos ramas en virtud de su desempeño y de su vocación liberticida”.

Ya el 13 de noviembre de 1955, presionado por un conjunto de oficiales, en su mayoría revolucionarios del 51', Lonardi, enfermo y negándose a hacer renunciar a algunos asesores nacionalistas, es obligado a dimitir. Asume la presidencia el general Pedro Eugenio Aramburu y comienza la revancha de los antiperonistas.

El 16 de noviembre de 1955 Aramburu toma varias medidas en pos de "suprimir todos los vestigios de totalitarismo para restablecer el imperio de la moral, de la justicia, delderecho, de la libertad y de la democracia" como afirma en su primer discurso. Declara intervenida la CGT, designando como interventor a un oficial de marina, devuelve la propiedad de *La Prensa* a sus antiguos dueños y disuelve el Partido Peronista. Comienza la persecución a los dirigentes peronistas a través de la creación de la Junta Consultiva (constituida durante el interregno de Lonardi) presidida por Rojas. Designa en su gabinete a varios representantes de las familias tradicionales ligadas a la burguesía terrateniente y miembros del directorio de grandes empresas nacionales y extranjeras, dándole al gobierno una línea claramente liberal[83].

Palabra Argentina va aumentando la oposición al gobierno provisional, y en el N° 5 del 10 de mayo de 1956[84] Olmos da a conocer una *Carta* dirigida a las FF.AA. Allí dice, entre otras cosas, que "el cáncer político configurado por la resurrección de los dirigentes descalificados en forma definitiva ante la historia...se ha cerrado sobre los hombres de nuestras fuerzas armadas, para hacerlos ante el pueblo, las víctimas propiciatorias de sus errores y de sus intereses".

Vuelve a culpar de las desventuras presentes a los viejos políticos que integran el "cuadro consejero", y que son los primeros en beneficiarse con la política de mando. El mando, y no el gobierno, garantiza la proscripción de las mayorías que jamás votaría por los "mercaderes de la democracia". Esta "luna de miel" entre el gobierno y los políticos es la vuelta a la década infame, al fraude y al coloniaje. En esos políticos se esconde el verdadero enemigo que expolió a la Nación sirviendo a intereses propios y ajenos.

Si bien se va acrecentando la oposición, sin embargo, en esta *Carta*, Olmos piensa que aún puede haber una oportunidad para que las Fuerzas Armadas se acerquen a un proyecto nacional como en 1943, cuando se opusieron a la entrega económica, al fraude político y a la corrupción; no obstante que encontramos adjetivaciones sumamente fuertes dirigidas, sobre todo, a Aramburu y al grupo que lo acompaña.

Insiste en que ya han transcurrido12 años de transformaciones radicales "en un proceso de auténtica Revolución, con todos sus avances y sus tropiezos, con sus conquistas y sus fracasos, con sus aciertos y sus errores, con sus brillos y sus

---

[83] Lewis, Paul, "La derecha y los gobiernos militares, 1955-1983", en *La derecha argentina, nacionalistas, neoliberales, militares y clericales*, Buenos Aires, Javier Vergara Editor, 1993.

[84] *Palabra Argentina*, N° 5, 10 de mayo de 1956, p. 1.

miserias...A la indiferencia anterior a 1943, sucedió la participación activa y apasionada de todos los sectores, sin exclusión de ninguno. Y hasta los mismos hombres de armas, olvidaron un poco la disciplina castrense para ser actores en este largo drama de la República...Producida la Revolución de Septiembre –precedida por el sangriento ablande de junio- las FF. AA. ofrecen al juicio público el espectáculo de una *quiebra definitiva*[85]. Las divisiones y el odio se reflejan en ellas en una forma insospechada y se aplica la fórmula intransigente persecutoria del vencedor. Centenares de bajas y retiros, tribunales de honor, acusaciones de delitos comunes, etc., definen la actuación de las fuerzas triunfantes sobre las vencidas". Ahora se las discute como a cualquier político, y ellas mismas luchan entre sí para lograr mayor supremacía y dominio. El avance de la Marina sobre el Ejército desnaturaliza el equilibrio que debe existir entre las Fuerzas. A esta situación de orden militar se suma la orientación política dada por el Gobierno Provisional.

Olmos suma esta *Carta* a las dos anteriormente dirigidas al Gobierno y al contralmirante Rojas, pero ahora ya lo hace desde una posición de casi resignación ante el silencio suscitado como respuesta a las dos anteriores.

El odio y la división entre los argentinos han alcanzado límites extremos y "las disposiciones represivas dictadas por el presidente Aramburu tienen un efecto contrario al que se quiere lograr". En efecto, la resistencia puede ser la respuesta, como veremos más adelante. Y agrega: "el país no puede ser gobernado con el mismo espíritu que define a los políticos profesionales y encanallecidos, ni las autoridades deben ser víctimas del espejismo peligroso de los 'iluminados'".[86]

Debe gobernarse para todos los argentinos –radicales, peronistas, socialistas, comunistas, demócrata-cristianos- sin menoscabar ninguna inquietud política. Las FF.AA. no deben ser cómplices de aquellos que persiguen intereses mezquinos que sólo buscan su propio bienestar. Si bien es necesaria una depuración, ésta no puede involucrar la persecución política. "A la cárcel los ladrones, pero nada más que los ladrones. Para los dirigentes honestos y para el pueblo sano, ¡la libertad!", concluye Olmos.

Por otra parte, refiere su desconcierto por las declaraciones del ministro de Ejército quien habló de la necesidad de que las FF. AA. tomen clases para interiorizarse de los problemas políticos, para lo cual fueron invitados los miembros de la Junta Consultiva a dictar una serie de conferencias.

---

[85] El subrayado es nuestro.

[86] Alejandro Olmos hijo narra en la nota realizada que "mi viejo jamás se afilió al Partido Peronista. Y su defensa del peronismo, si uno lee *Palabra Argentina* N° 1, es una cosa. Si lo va leyendo después, se fue haciendo cada vez más sólida. Al principio había cuestionamientos y un montón de cosas".

La contradicción salta a la vista, anota Olmos, pues al gobierno peronista se le recriminaba el haber politizado a las FF.AA., y ahora se busca nuevamente su politización. ¿No era que se quería desterrar la política del ambiente castrense, y por ello se juzgó y se separó del Ejército a un grupo de generales? Se dirá, continúa Olmos, que en este caso se trata de instalar los principios democráticos y ya no la doctrina nacional del "dictador". Sin embargo, la democracia también está sometida a interpretaciones diversas, según los intereses que se tengan.
No existe neutralidad valorativa. No hay objetividad. Los miembros de las FF.AA. siempre defendieron determinados intereses, y de acuerdo con ello interpretaron las políticas a seguir. Para Olmos, las FF. AA. tienen como misión defender el territorio nacional, nada más. No se trata de que sostengan uno u otro gobierno.
No obstante, Olmos está pensando en las Fuerzas Armadas como actor político.
Las Fuerzas Armadas comparten una serie de características que serán determinantes para ser uno de los actores de la alianza constituida a partir del 43', así como también factor de su disolución con el golpe del 55' y la Revolución Libertadora. Estas son:

- Pertenecen al aparato estatal, son una institución del Estado, por lo cual conservan una "relativa autonomía" en relación a los sectores dominantes. No funcionan como un instrumento directo de los sectores que hegemonizan el Estado, ni como representación directa de éstos o sus intereses.
- Constituyen una corporación unida y con intereses estratégico–políticos propios.
- No funcionan, a pesar de su unidad, con visiones homogéneas sobre el proceso político social y sus direcciones u objetivos.
- Están, por lo tanto, atravesadas por las contradicciones sociales, de las cuales se nutren y en las cuales penetran.
- Poseen una importante organización vertical, jerárquica, centralizada que les permite funcionar en forma homogénea, con una doctrina particular y espíritu de cuerpo. Han intentado llevar este modelo de organización al ámbito civil, tanto durante golpes militares como incluso en el régimen peronista[87].
- Han mantenido -por esta razón también- un desprecio por el ámbito civil y, principalmente, desconfianza hacia el sistema de partidos.
- Como aparato del Estado, justifican sus decisiones en términos de las necesidades de la Nación y aplican una determinada "doctrina" que da sentido y objetivos a sus cuadros.

[87] Cf. Buchrucker, Cristian, *Nacionalismo y peronismo. La Argentina en la crisis ideológica mundial, 1927-1955*, Buenos Aires, Sudamericana, 1987.

Esa “doctrina” mediatiza la ideología dentro del cuerpo de oficiales y es la forma que adquiere su relación con otros actores sociales.[88]
- Por su interés en la defensa nacional, han acompañado y dirigido el proceso económico, principalmente participando en una política de industrialización.
- Así también, en algunos momentos, han defendido una política de nacionalización de los recursos económicos y hasta antimperialista en ciertos casos.
- Presentan sus intereses como valores superiores, inmutables al tiempo y a los avatares sociales[89].
- Aparecen ante la sociedad como “garantes” de la nacionalidad y de los valores supremos de la Nación. Esta visión supone una incontaminación de los conflictos de la sociedad civil. Esto les ha permitido justificar decisiones políticas e incluso los golpes militares, como “voluntad general de la colectividad”[90].
Asimismo, sin resistencia el poder está ausente como dijimos; según Laclau, las identidades implican referencia a la alteridad y relaciones de poder que sostienen proyectos que antagonizan por la hegemonía[91]. Estos proyectos están encarnados, según Olmos, en el pueblo y la oligarquía.

---

[88] Véase Portantiero, Juan Carlos, “Economía y política en la crisis argentina (1958-1973)”, en *Revista Mexicana de Sociología*, N° 2, 1977.

[89] Cf. Cooke, John William, *Peronismo y revolución*, Buenos Aires, Gránica Editor, 1971.
[90] Idem., p. 162.

[91] La política instituye y da forma a lo social por medio de discursos. Éstos dan sentido a la sociedad y a las formas en que ésta se organiza. La teoría de Laclau-Mouffe busca explicar ese momento político de institución de lo social, y con ello, el surgimiento y constitución de los discursos y las identidades. Sin embargo, la institución de lo social nunca puede ser total y acabada ya que siempre está rodeada por el campo discursivo. Éste la sobrepasa y subvierte poniendo al descubierto su radical contingencia. La fijación del sentido de lo social siempre es parcial y contingente; depende de prácticas a través de las cuales se establecen relaciones entre los elementos discursivos. Las prácticas modifican y transforman las identidades. Asimismo, estas prácticas establecen puntos nodales, en tanto significantes privilegiados o puntos referenciales, a través de los cuales el resto de los elementos de un discurso adquiere significado. De esta manera, los discursos delimitan y controlan el sentido de lo social, pero esta delimitación siempre conlleva una lucha política. Es decir que los discursos compiten por producir y estabilizar el sentido de lo social, articulando la mayor cantidad de elementos posibles alrededor de ciertos puntos privilegiados. Es decir que el sentido resultante es siempre una fijación político-hegemónica que lleva ganadores y perdedores. El antagonismo, por lo tanto, es fundamental en la constitución de los discursos y las identidades.
En esta concepción relacional y contingente de la identidad y del significado de los elementos discursivos no existen características positivas que permitan la constitución de los discursos por sí mismos. Su constitución, y la de sus elementos, solo es posible en oposición a otros. No existe, en consecuencia, una concepción esencialista de lo social que le atribuya ciertas características positivas a las demandas e identidades políticas convirtiéndolas en inmutables y fijas en el tiempo. (Cf. Laclau, Ernesto, *Nuevas reflexiones sobre la revolución de nuestro tiempo*, Buenos Aires, Nueva Visión, 1993, p. 90).

En *Palabra Argentina* N° 10 del 30/10/56[92], afirma: "La oligarquía ha cumplido ya su proceso; madurada ha entrado ya en la putrefacción y el muerto no ha de ser resucitado. Así en la Argentina, y como en ella otras naciones palpan la declinación de las oligarquías nacionales que no son otra cosa que quistes representativos de las organizaciones imperialistas contra los pueblos.
El dilema argentino, a un siglo y medio del nacimiento del país, sigue siendo la lucha entre la ciudad y el campo, entre unitarios y federales, entre criollos y entreguistas. 'Civilización y barbarie' dijo Sarmiento señalando al intelectualoide extranjerizante en el primer concepto y a los gauchos entre los bárbaros. 'No ahorre sangre de gauchos' le decía a Mitre mientras cortaba la cabeza del general Peñaloza. Y olvidaba que esos gauchos habían formado los ejércitos de San Martín en la cruzada de nuestra Independencia. Inconscientemente fomentaba la oligarquía antigaucha –anticriolla y antiargentina, en consecuencia- que más tarde habría de volverse contra el anterior intento de 'educar al soberano'...
Unitarios y federales, hemos dicho y es exacto, no son unos y otros expositores de partidos políticos solamente. Representan concepciones espirituales antagónicas. Mientras los primeros creen en el evangelio de una civilización impuesta desde afuera, los argentinos sostienen una cultura propia. Unos son extranjerizantes, otros son nacionalistas...Mientras los primeros creen en la capacidad argentina para su propio desarrollo, los segundos prefieren la intervención extranjera para promover y administrar nuestros recursos. Fueron criollos los que hicieron las primeras industrias y formaron los primeros ferrocarriles; fueron entreguistas los que abrieron el mercado para las industrias de afuera y pusieron esos ferrocarriles a merced del capital británico.
Entre esos dos polos está trabada la lucha argentina. Esos dos polos se llaman hoy pueblo y oligarquía...".
Uno de los conceptos novedosos incorporados por la corriente nacionalista popular, a la que pertenece Olmos, será el de "oligarquía", término que se utilizará en reiteradas ocasiones a partir de 1943, como representación de la minoría económica-política que poseía el control de los resortes de la economía nacional y sumía a la nación en un estado de dependencia del capital extranjero. Esta "oligarquía", "agente" del imperialismo, será fuertemente denunciada por FORJA (Fuerza de Orientación Radical de la Joven Argentina) durante los años 30' a partir de la crítica de lo que denominaban "Estatuto del Coloniaje" como serán el Pacto Roca-Runciman, el Banco Central y las Juntas Reguladoras no sometidas a una representación política democrática, la política petrolera, las intervenciones a las

---

[92] *Palabra Argentina*, N° 10, 30 de octubre de 1956, p. 1.

provincias y el silenciamiento de la oposición de esos años, entre otras medidas[93]. El nacionalismo popular enarbolará tres banderas fundamentales: independencia económica, soberanía política y justicia social.[94] Conectará el objetivo de independencia económica, propio del nacionalismo, con las demandas populares por mejoras socioeconómicas y participación política. Y ratificará en todo momento su idea de que una "nación libre" podía únicamente desarrollarse en una sociedad justa e igualitaria y con un Estado democrático que permita la participación activa del pueblo.

Estas últimas dos serán las novedades que los forjistas y el grupo de nacionalistas populares incorporarán al nacionalismo. Dice al respecto Cristian Buchrucker[95]: "para los populistas, las exigencias nacionales se condensaban en el federalismo, la sociedad tendencialmente igualitaria y el Estado democrático".

Con el fin de lograr los tres objetivos básicos mencionados (independencia económica, soberanía política y justicia social), el nacionalismo popular pretenderá formar una alianza entre el ejército, las clases populares y la burguesía industrial de capital nacional.

° La recuperación de la "identidad descarriada" y la constitución de "nuevos sujetos"

Por su parte, *La Prensa* también busca constituir una identidad "aparentemente" amplia, ya que sólo quedarían fuera de ella la "minoría" que hegemonizó el régimen depuesto.

Esto puede desprenderse del editorial del 3 de febrero de 1956, donde luego de comparar la caída en el nivel de vida de los argentinos con la catástrofe que trajo aparejada para algunos pueblos las consecuencias de la 2° Guerra Mundial, se afirma que "Somos 20 millones para reconstruir el país", frase que sirve a la vez para titular el editorial.

La identidad envolvería e involucraría a los "empobrecidos" por el "régimen dictatorial", ya que se afirma que la pobreza reinante no se debe a catástrofes naturales, ni a una crisis económica mundial, ni a las consecuencias de una guerra, sino a la mala política de un gobierno que comenzó conculcando las libertades

---

[93] Cf. Buchrucker, Cristian, *Nacionalismo y peronismo…*, ob. cit.

[94] Para ver la influencia que el nacionalismo popular tuvo sobre la doctrina del peronismo, basta echar un vistazo a *Las veinte verdades fundamentales del Justicialismo*, donde la verdad número 18 dice: "Queremos una Argentina socialmente justa, económicamente libre y políticamente soberana".

[95] Buchrucker, Cristian, *Nacionalismo y peronismo…*, ob. cit., p. 272.

individuales, silenció a la prensa y terminó "despojando" a los propietarios, que es como despojar a todo el pueblo.
Se han retrocedido 80 años por el desgobierno y porque "hemos sido esquilmados por una pequeña minoría, ahora enriquecida". Pero el país fue salvado minutos antes del colapso, y por ello tiene que empezar a tonificarse gracias a la nueva política económica encarada por el Gobierno Provisional. Y agrega: "Estamos hechos a las privaciones, de manera que no puede sernos violento ni doloroso soportarlas por un tiempo más".
Sólo se puede combatir a la pobreza con el trabajo y el ahorro. Evidentemente, llegó la hora de la acumulación ya que acrecentar los recursos implica producir más bienes y servicios. De esta forma, "volveremos" a ser la Argentina que asombró al mundo en su primer centenario, cuando éramos sólo 6 millones de habitantes. "¿Qué no podríamos hacer en el mismo territorio ahora, siendo 20 millones?".
El recorrido histórico es claro: Caseros, las luchas que terminaron con el triunfo de Buenos Aires sobre el resto y, finalmente, la estructuración definitiva del modelo agro-exportador. Ese era el país en 1910, cuando los inmigrantes, lejos de ser integrados, eran perseguidos por sus ideologías políticas.
Y llegó la crisis del 29', y aunque se comenzaron a sustituir algunos productos por producción local, ese llamado modelo de sustitución de importaciones era viabilizado por los sectores dominantes del agro. Estos, con los invernadores a la cabeza[96], hicieron buenos negocios luego de recuperar algo del comercio bilateral de carnes con Inglaterra, y su relación política con la potencia en decadencia luego del pacto Roca-Rucinman.
El golpe del 43', como dijimos, va a representar la ruptura de este pacto implícito entre sectores hegemónicos del agro y viejos sectores subordinados de la industria.
La identidad amplia es tan sólo aparente, ya que ésta sólo involucra a las viejas clases dominantes del país.
Así, el editorial de *La Prensa* del 11 de febrero de 1956[97] afirma que el país ha vivido un período excepcional desde 1943 hasta la Revolución Libertadora de 1955, cuando los derechos y garantías consagrados por la Constitución de 1853 sufrieron el mayor vejamen desde entonces.
Recordando palabras de Cicerón cuando al dirigirse a los romanos hace referencia al momento crítico por el que atravesaban las instituciones de entonces, dice que "la República siempre es atacada bien por sus enemigos y siempre se defiende mal. Les cuesta reaccionar a los que están destinados a sufrir las peores consecuencias de la agresión, y cuando llegan a hacerlo ya es tarde, porque es cuando han perdido todo".

[96] Véase Murmis, Miguel y Portantiero, Juan C., *Estudios sobre los orígenes del peronismo*, Buenos Aires, Siglo XXI Editores, 1975.
[97] *La Prensa*, 11 de febrero de 1956, p. 8.

La referencia es a aquellos que no se inmiscuyen en la lucha política para evitar contrariar a la autoridad pública y evitar, así, molestias y perjuicios, e incluso llegar a sacar ventajas al congraciarse con el poder.
Es posible que este editorial se esté refiriendo a aquellos que, aún perteneciendo a sectores del capital, no asumieron actitudes abiertamente opositoras al gobierno peronista como así lo hicieron los sectores representados por la Sociedad Rural.
Con el fin de disculparlos y, a la vez, atraerlos, se afirma que el factor sorpresa fue muy importante para explicar este "descuido" por parte de algunos sectores, ya que el "vuelco de la política" se preparaba en las sombras. En efecto, reza el editorial, nunca se dijo que el país iba a sufrir un cambio profundo en sus estructuras que iba a implicar la salida del sistema liberal, con la defensa de las garantías individuales y la limitación de los poderes del Estado, y la entrada a una "forma dictatorial, totalitaria y hasta tiránica", que convirtió al individuo en instrumento pasivo, sobreviniendo una sumisión forzada.
Esta situación fue novedosa para los partidos políticos, ya que no se daba algo así desde 1880, cuando no había diferencias sustanciales doctrinarias entre ellos. Incluso la llegada del socialismo y su prédica de la lucha de clases, no conmovió los cimientos del sistema de partidos, confirma *La Prensa*.
Las dos tendencias mayoritarias (la conservadora y la radical) que accedieron al gobierno, respetaron los derechos individuales en sus variadas expresiones: derecho de familia, de propiedad, de trabajo, de comercio, de tránsito, de publicidad por medio de la prensa y del libro; libertad de cultos, y de opinión política o filosófica. En lo que tienen de "esencial" las instituciones no corrieron peligro alguno.
Pero de aquí en más, queda claro que "las cosas han cambiado y los deberes a cumplir no se limitan al ejercicio del derecho electoral únicamente en vísperas de cada comicio. Ha quedado en descubierto una tendencia ya inocultable a alterar las bases tradicionales y clásicas de nuestra organización y que es la misma corriente retrógrada del nazifascismo detenida con el triunfo de los pueblos libres en 1945, que buscó nuevos cauces entre nosotros para prolongar aquí la contienda, aunque sin guerra formal, durante una década más"[98].

[98] El golpe militar tendrá -entre sus objetivos- evitar el ingreso de la Argentina en la Segunda Guerra Mundial, una exigencia clara del Departamento de Estado norteamericano, que aún con dudas, las clases dominantes argentinas comenzaban a aceptar como parte del giro hacia los Estados Unidos. El golpe militar se produce a meses de las elecciones en las que el candidato oficial Robustiano Patrón Costas, un importante terrateniente del norte argentino, se avecinaba como un claro representante del cambio de rumbo en materia de comercio internacional de la Argentina y su consecuente declaración de guerra al Eje (Alemania, Italia, Japón). Más allá de posibles simpatías de algunos oficiales argentinos por el régimen nazi, lejos estaban las Fuerzas Armadas y el grupo de coroneles que serán el centro del golpe y el nuevo gobierno de ser, como sostuvieron versiones conspirativas, agentes del nazi - fascismo en la Argentina. La criticada decisión del gobierno militar por mantenerse neutral en el conflicto bélico frente a la presión de la

De allí que se le atribuya a la Revolución del 55' la vuelta al "cauce normal"; por su parte, los partidos tienen por misión luchar contra el enemigo encubierto o descubierto. "Debe existir una vigilancia colectiva y permanente".
Como se ha dicho reiteradamente desde el gobierno provisional y que *La Prensa* resalta, el hombre común, el trabajador, ha sido engañado, por ello acompañó al líder. De ahora en más, se lo deberá encausar.
En efecto, de lo que se trata es de constituir nuevos sujetos. Y aquí nos viene en auxilio una de las tesis de Foucault para quien no hay un sujeto pre-dado. Pero esto no significa que los sujetos sean "sujetados" por estructuras, a la manera conceptualizada por el estructuralismo. Los sujetos son "fabricados", en la visión de Foucault, en procesos históricos complejos. En consecuencia, ellos no tienen una "esencia" preexistente, sino que son constituidos en relación con prácticas sociales.

En este sentido, la disciplina, por ejemplo, distribuye de modo analítico los cuerpos en el espacio, controla la actividad de los individuos a través de la regulación de su tiempo, sus actos, sus gestos, supone una vigilancia jerárquica, continua y funcional, toma como referencia a una norma y somete a los individuos a exámenes constantes. En alguna medida los permanentes llamados a aumentar la productividad del trabajo, dan cuenta de esta búsqueda de disciplinamiento por parte de los "libertadores".

Este llamado aparece explícitamente en el discurso pronunciado por Aramburu en la ciudad de Concepción del Uruguay, Entre Ríos, el 1° de mayo de 1956, cuando proclama la vigencia de la Constitución de 1853.

Los contenidos de este discurso, que asocian a Perón con Rosas y a Urquiza con los libertadores, pues uno y otro derrocaron la dictadura reinante, fueron divididos por

---

Embajada norteamericana responde, más bien, a la composición ideológica de la oficialidad del GOU (Grupo de Oficiales Unidos). En su interior, participaban oficiales de orientación germanófila como probritánicos. Ambos coincidían, sostiene Alejandro Horowicz (*Los cuatro peronismos*, Buenos Aires, Hyspamérica, 1985) en una marcada posición anticomunista (recordemos que la Unión Soviética se presentaba como una posible nación poderosa y formaba parte de los aliados) como antinorteamericana. Por lo cual, declarar la guerra suponía reafirmar el apoyo a los
Estados Unidos, ya que la Segunda Guerra marcaba para Inglaterra su debilitamiento no sólo económico sino también militar y su dependencia de los Estados Unidos, así como también al gobierno comunista que era aliado de Norteamérica. Dice Horowicz de los oficiales del ejército: "los oficiales germanófilos podían defender la neutralidad en las palabras y en los hechos proveer al esfuerzo de guerra británico; levantaban una bandera que no molestaba a Gran Bretaña y no tenían que diferenciarse de los abiertamente probritánicos; ambos mantenían una cerrada resistencia antinorteamericana y un anticomunismo acérrimo...eran antinorteamericanos, porque eran un ejército de un país agrario y poco importaban entonces sus filias y sus fobias sobre el ordenamiento interno de la sociedad burguesa
dependiente" (Cf. Horowicz, A., *Los cuatro...*, ob. cit., p. 73).

La Prensa[99] en los siguientes subtemas: 1) La libertad sindical; 2) Formas de engaño; 3) Política y sindicalismo; 4) La propaganda; 5) Elecciones sindicales; 6) La productividad; 7) Libertad gremial; 8) El 1° de mayo de 1956; 9) Rige la Constitución del 53', y 10) Nadie ha de temer.
En el discurso aparece con claridad la antinomia "verdadera política" y "falsa política", para insistir en que "se creó entre los trabajadores el temor a la política y a los políticos para imponer la política de dominio total". Este engaño logró hacer carne en la masa que creó el "conductor providencial", quien hizo del trabajador la víctima propiciatoria.
Se pregunta, qué se hizo de la riqueza una vez terminada la guerra. "Y las masas bramaban ante la voz y los gestos del conductor porque había triunfado el engaño".
Si bien se reconoce que la legislación fue abundante, sin embargo, no fue ni suficiente ni fue gigantesca sino tan sólo demagógica: "la mayor parte de las medidas sociales que sirvieron para la farsa y para crear el mito del amparo de los necesitados, tuvieron lugar durante los primeros años de la primera presidencia", luego sobrevino mucha propaganda y poca efectividad, junto con convenios con la intervención de la "mágica mano", inflación, grandes funciones y "espantosos negociados y corrupción".
El sindicalismo no es un invento nuevo, se agrega, sino que tiene una historia de cuatro siglos.
"En nuestros días, afirma Aramburu, productividad es voz de orden pues es sinónimo de paz social, por ello el Estado usa los medios necesarios para obtenerla en pos del bienestar, sabiendo que con ello cumple con su misión superior que es velar por el bienestar y la seguridad de la Nación".
De aquí en más, el trabajador será recompensado de acuerdo a la productividad del trabajo. "La capitalización de los patrones supone la capacidad para la creación o ampliación para las fuentes de riquezas, esto es, de trabajo"[100]. El Estado actuará en defensa de la producción y de la productividad, de allí que el derecho a huelga quede suspendido, y para ello utilizará los medios que sean necesarios. El 1° de mayo de 1956, el gobierno provisional ha abolido los Derechos del Trabajador, afirma *Palabra Argentina* N° 5[101].
Se establece la ecuación productividad=orden=paz social. "Para que las expresiones armonía social, humanidad, comprensión no se limiten a ser meras palabras simpáticas en boca del gobierno, el pueblo debe aprender responsablemente el alcance de las mismas". Sigue Aramburu: "Cuando una asociación vulnera el

---

99 *La Prensa,* 2 de mayo de 1956, p. 1.
100 *La Prensa*, 2 de mayo de 1956, p. 5.
101 *Palabra Argentina,* N° 5, 10 de mayo de 1956, p. 2.

equilibrio social lo hace generalmente por obra del engaño. Hay dos formas de engañar y que juntas componen una tercera. El conductor providencial, que dice confundirse con el ideal, encarna la primera forma. Su obra consiste en convertir a la asociación en masa, obteniendo que los hombres, carentes ya de libertad, piensen con mentalidad de conjunto ahogando sus voluntades y responsabilidades individuales. La segunda forma es la clásica comunista cuando el sistema no detenta el poder. Su obra consiste en anular hombre por hombre, anestesiándolo individualmente para anestesiar luego al conjunto. La libertad se pierde primero en el hombre y luego en la asociación. La tercera forma es el trabajo combinado de las formas anteriores. Así procedió el régimen desaparecido apenas obtuvo el poder". Finaliza afirmando que "la Revolución busca el renacer de la personalidad individual que es el embrión de la libertad y corrige las estructuras que atentan contra ella".

El trabajador fue seducido por palabras engañosas, cantos de sirena; fue manipulado en su buena fe, ya que se trata de un ser que necesita orientación, control y educación, y el encargado de llevar adelante estas metas no es otro que el dueño de la empresa[102].

Como dice Foucault, la objetivación y la dominación de la naturaleza interior se produce de hecho no mediante un cambio de actitud, sino a través del adiestramiento en la interiorización de ciertas disciplinas. Se trata de las disciplinas del movimiento corporal organizado, del empleo del tiempo, de las disposiciones ordenadas espaciales para vivir/trabajar, entre otras. La huelga, el trabajo a desgano o a reglamento, la movilización organizada o espontánea, las concentraciones de trabajadores ya no son permitidas, pues alteran el "orden y la paz", la armonía social, etc.

Las relaciones de poder (que sólo son posibles interactuando con estratos de saber) producen, generan, constituyen sujetos[103]. El hombre es el efecto de un sometimiento: el alma, en este sentido, es una especie de prisión del cuerpo, y los mensajes dados por los medios de comunicación son una ayuda inestimable para este disciplinamiento, como estamos viendo.

---

[102] *La Prensa*, 2 de mayo de 1956, p. 5.

[103] Véase Foucault. Michel, *Vigilar y castigar*, trad. de Aurelio Garzón del Camino, México, Siglo XXI, 1989.

° La relación con el "otro"

Existen, según Ricoeur,[104] tres esferas fundamentales que organizan la vida del hombre y sus relaciones intersubjetivas. El *tener*, el *poder* y el *valer* delinean las tres esferas institucionales fundamentales para las relaciones del hombre con el hombre: la esfera económica del tener, la esfera política del poder y la esfera cultural del valer o del reconocimiento mutuo.

La esfera económica del tener está determinada por la relación de trabajo y apropiación; las relaciones con los objetos económicos, con los bienes disponibles, se imponen a las relaciones con las personas. Puesto que trabaja, el hombre sustituye la relación económica como una nueva relación con las cosas, considerándolas posesiones. En tanto disponibles, las cosas suscitan un ciclo de sentimientos relativos a la adquisición, la apropiación, la posesión y la conservación, sentimientos que constituyen la resonancia del tener en el yo, pues éste es afectado por el tener. La relación con el objeto económico se interioriza en tanto experiencia de dominio y dependencia respecto del mismo.
El tener no es en sí malo en tanto relación de apropiación, ya que por ella el yo se prolonga en "lo mío", y lo mío se humaniza en la medida en que forma parte de la esfera de mi pertenencia. Pero si bien es inocente en cuanto relación primordial con el territorio, el tener es una de las más grandes tragedias de la existencia.

Hay un mal del tener que puede ser analizado tanto en el plano colectivo como en el individual. Al identificarme con lo que tengo, soy poseído por mi posesión y pierdo mi autonomía, y al apropiarme de las cosas, los individuos nos expropiamos o nos excluimos mutuamente, diferenciándose drásticamente el yo del tú por las esferas de pertenencia. Así, la exclusión mutua que se inicia con el cuerpo, al introducir su aquí absoluto, se continúa en esta otra forma de expropiación, que da lugar a una representación de las existencias humanas separadas unas de otras.

El mal, entonces, puede encontrarse en las instituciones o estructuras del tener, en la medida en que hay una expresión comunitaria del mal de la posesión porque el tener no existe al margen de un régimen de propiedad.

Y aquí se establece un puente entre las esferas del tener y el poder, por el cual las instituciones Estado, Mercado, Producción aparecen como agentes de estratificación porque se sustentan, según Foucault, en relaciones de poder que atraviesan el tejido

[104] Véase Ricoeur, Paul, *Finitud y culpabilidad*, Libro I, Cap. 1, 2, 3 y 4, trad. de Agustín Neira, Madrid, Taurus, 1991.

social.[105] Así, por ejemplo, los ajustes económicos llevados a cabo en nuestro país operaron sobre los actores sociales un *disciplinamiento* o *control social.*

En este sentido, el poder es una relación de fuerzas que excede el marco de la violencia física. Las relaciones de poder llevan a cabo acciones tales como incitar, inducir, desviar, facilitar, dificultar, ampliar, limitar, hacer algo probable o improbable, etc. Son, asimismo, relaciones moleculares o "microfísicas" que rodean a las instancias molares: "el" Soberano o "la" Ley en el caso del Estado; "el" Dinero en el caso del Mercado, para citar sólo dos casos.

De esto da cuenta *Palabra Argentina* en su N° 13 del 19 de marzo de 1957[106], frente a la insistencia en seguir adoptando medidas económicas impopulares. Ante los reiterados fracasos del plan económico del gobierno, Olmos se pregunta en este número si acaso "los hombres de armas tienen algún compromiso contraído con la oligarquía que no les permite rectificar su política. Porque si no hay tal cosa –y nos resistimos a creerlo-, la insensibilidad frente a la anarquía en que nos debatimos, y la persistencia en el error, serían incompatibles no sólo con el espíritu democrático, sino también con el patriotismo y responsabilidad de los hombres de armas". Lo cierto es que el gobierno sigue sordo a todo clamor popular, y aplica sin perturbarse el plan económico diseñado por políticos "sin escrúpulos" y economistas al servicio de intereses foráneos.

Parecería que se busca, por un lado, atomizar al movimiento obrero y, por otro, empobrecer a los trabajadores para que "su miseria, según la genial tesis prebischiana, produzca un aumento de los saldos exportables por la restricción del mercado de consumo interno. Y provocar la desocupación para que ésta produzca la 'selección de la mano de obra', y la anulación práctica de todos los convenios colectivos, porque éstos y sus cláusulas rigen para obreros que trabajan y no para hambrientos en busca de trabajo, que aceptarán ganar el pan bajo cualquier condición.

Todo esto para que el país vuelva a la 'normalidad', como si lo normal entre nosotros fuera la miseria, la injusticia y la explotación. Como si la riqueza del país debiera fundarse exclusivamente en sus hombres de trabajo".

Siempre el poder se inviste de formas de justificación para legitimar las relaciones asimétricas. Muchas veces, estas formas se condensan en figuras, imágenes, representaciones, creencias implícitas en el imaginario colectivo, con lo cual, a través de su explicitación —los medios de comunicación cumplen un eficaz papel en este sentido— se actualizan temores dormidos. Por eso, estas figuras o imágenes

---

[105] Véase Foucault, Michel, *Microfísica del poder*, trad. de Julia Varela y Fernando Álvarez Uria, Madrid, La Piqueta, 1980.

[106] *Palabra Argentina,* N° 13, 19 de marzo de 1957, p. 1.

orientan la relación con el otro, ya que a partir de ellas lo "reconocemos" como igual o como subordinado, como humano o sub-humano.

De esta forma, la esfera del reconocimiento mutuo —o del desconocimiento de la "humanidad" del otro— se halla intrínsecamente vinculada a las instancias del tener y del poder.

Asimismo, para Ricoeur no hay identidad sin alteridad, por ello, este filósofo plantea la existencia de una alteridad segunda o alteridad de lo extraño, en referencia a lo otro distinto del sí. No hay identidad sin contexto. El otro es indispensable para la constitución del sí mismo. La relación con el otro no es secundaria ya que es constitutiva de la identidad. El otro es a la vez semejante y desemejante. Es semejante por los rasgos culturales e históricos comunes. Es desemejante por las diferencias que pueden ser étnicas o culturales, o ambas.[107] Además esa relación con el otro no es neutral sino que implica relaciones de poder por lo general asimétricas.

Para justificar las formas sociales asimétricas se hace uso de la vieja aporía normal/anormal. En efecto, los conceptos de normalidad/anormalidad, según Foucault,[108] cumplen un papel preponderante en la demarcación social y política. El concepto "anormal" se construye históricamente en la confluencia, entre otras, de dos figuras cuyos efectos se hacen sentir en el imaginario colectivo con diversas fuerzas. Todo loco, delincuente, marginal, pobre o desocupado —aunque no sea de un modo totalmente consciente— es percibido con imágenes emanadas de esas figuras: el "monstruo humano" y el "individuo a corregir".

En el "monstruo humano" se combina algo del orden de lo imposible con algo del orden de lo "prohibido". Es una mezcla de excepción de la naturaleza y de infracción al derecho[109].

A esta perspectiva foucaultiana, agregamos que para deslegitimar al enemigo político, trátese de Perón o de ex funcionarios, los "libertadores" han hecho uso con frecuencia de términos que provienen de esas figuras. Así, por ejemplo,

Aramburu se refiere a Perón como "el monstruo", cuando afirma que "el monstruo, el gran corruptor no pisará jamás tierra argentina"[110].

Asimismo, las palabras delincuente, ladrón para dirigirse a los peronistas que han tenido cargos políticos, son empleadas en discursos de Aramburu y por el diario *La*

[107] Ricoeur, Paul, *Sí mismo...*, ob. cit., p. 360.

[108] Cf. Foucault, Michel, *Vigilar...*, ob. cit., e *Historia de la locura en la época clásica*, t. I y II, trad. de Juan José Utrilla, México, FCE, 1998.

[109] Véase al respecto Murillo, Susana, *El discurso de Foucault: Estado, locura y anormalidad en la construcción del individuo moderno*, Buenos Aires, Oficina de Publicaciones del CBC, 1997, pp. 203-204.

[110] *Palabra Argentina*, N° 18, 9 de abril de 1957, p. 1.

Prensa frecuentemente. Al respecto, afirma *Palabra Argentina* en el N° 3 del 12 de diciembre de 1955[111]: "...no todos los presos que la revolución ha arrojado a las cárceles son delincuentes. La gran mayoría, posiblemente, son culpados de 'delitos políticos', que no otra cosa puede ser el cargo de la filiación partidaria que tenían. El denominador común de 'hombres del peronismo' ha sido la palabra mágica, el sésamo ábrete de las puertas con rejas, para someter y castigar una profesión ideológica".

Por otra parte, en el discurso pronunciado por Aramburu en la ciudad de Rosario, y transcripto por *La Prensa* el 10 de junio de 1956[112], se afirma: "Fueron inspiradores (de los levantamientos de junio de 1956) *oscuros personajes*[113], los mismos que mueven los hilos de la difamación y el rumor, y se mofan de la libertad de muchos atentando contra ella ...".

Como vemos, los "libertadores" se refieren a Perón como "monstruo", "corruptor", "delincuente", "tirano prófugo", "dictador demagogo", "técnico de la opresión" etc., y adjetivos similares son usados para nombrar a ex funcionarios peronistas. Recordemos que por decreto (Decreto Ley 4161 del 5/3/56) Perón pasa a ser innombrable.

Sin embargo, el trabajador peronista es visto como el engañado por su puerilidad e credulidad. Fueron sometidos por las palabras casi "mágicas" pronunciadas por Perón y Evita. *La Prensa* del 2 de mayo de 1956 (Discurso de Aramburu del 1° de mayo de 1956)[114], dice: "se creó entre los trabajadores el temor a la política y a los políticos para imponer la política de dominio total". Asimismo, este diario afirma que Perón "violentó la conciencia ciudadana" y "deformó la mentalidad popular"[115].

° El preso político como "individuo peligroso"

La noción de "individuo peligroso", por su parte, está investida de la antigua imagen de "monstruo humano". También Perón y funcionarios de su gobierno han sido tildados como personajes peligrosos.

El "individuo a corregir" es contemporáneo de la valorización social del espacio como técnica de corrección y adiestramiento, según Foucault, pero en este caso, nos interesa mostrar que los políticos y ex funcionarios peronistas que fueron apresados después del 55', fueron tratados de la misma manera que "delincuentes comunes". Estos fueron conducidos incomunicados a la vieja Penitenciaría Nacional de la calle

[111] *Palabra Argentina*, N° 3, 12 de diciembre de 1955, p. 4.
[112] *La Prensa*, 10 de junio de 1956, p. 1.
[113] El subrayado es nuestro.
[114] *La Prensa*, 2 de mayo de 1956, p. 1.
[115] *La Prensa*, 8 de mayo de 1956, p. 3.

Las Heras. “El hacinamiento de los detenidos en ese establecimiento era por demás excesivo, superando con mucho la capacidad de sus instalaciones, pues aparte de los legisladores, se hallaban funcionarios, suboficiales del ejército y la aeronáutica, miembros de las unidades básicas peronistas y dirigentes gremiales”[116].
“Las incomunicaciones prosiguieron a la orden de las Comisiones Investigadoras, sigue el mismo número, por el término de hasta 50 días, y continuó aún más rigurosa para los legisladores una vez efectuada la acusación de traición a la Patria...Levantadas las incomunicaciones se sometió a los detenidos al régimen común de los penados: horas de diana, de recreos, de comida, de baño, de encierro, de luz y días de visitas”.
El 8 de enero de 1956, 18 detenidos políticos fueron trasladados a la madrugada – entre ellos, Leloir, Cooke, Albrieu, Cámpora, Visca. Los condujeron a Río Gallegos y de allí a Ushuaia, “sede del tenebroso penal para criminales peligrosos” y que había sido clausurado por inhumano por “el sangriento tirano depuesto”, afirma *Palabra Argentina* N° 32 del 16 de julio de 1957[117], “allí pasaron tres meses y medio incomunicados, sin noticia de sus familiares, sin libros, limitados a 6 cigarrillos diarios, comiendo los restos de las marmitas de los soldados...sepultados vivos con la incertidumbre sobre su suerte futura”[118].

° Perspectivas sobre la problemática de “la masa”

La problemática de la “masa” despertó la inquietud de muchos pensadores que, desde distintas perspectivas, buscaron encuadrarla y diferenciarla del “individuo”, la “persona”, la “autoconciencia”, la “autenticidad”, etc. Primero viene a nuestra memoria “el hombre alienado” en Marx. En la alienación, el ser propio del hombre existe en la forma de su ser ajeno; lo humano se da en la forma de lo inhumano, la razón bajo la forma de la no-razón. Para Marx, esta situación es padecida por el trabajador en una sociedad donde reinan la división del trabajo y la explotación capitalista. “El obrero es más pobre cuanto más riqueza produce, cuanto más crece su producción en potencia y en volumen... La desvalorización del mundo humano crece en razón directa de la valorización del mundo de las cosas”.[119]

---

[116] *Palabra Argentina*, N° 32, 16 de julio de 1957, p. 4.

[117] Ibídem.

[118] Las personas consideradas “enemigas” fueron tratadas como simples existencias físicas, meras existencias despojadas de su estatuto jurídico de ciudadanos. Allí donde hubo existencia política, habría ahora *nuda vida*. Al degradarse la existencia a mera materialidad, puede ejercerse sobre ella el peor de los tormentos y la muerte brutal. (Véase Agamben, Giorgio, *Homo sacer*, trad. de Antonio G. Cuspinera,Valencia, Pre-Textos, 2003).

[119] Marx, Carl, *Manuscritos: economía y filosofía*, trad. de W. Roces, Madrid, Alianza, 1968, p. 104.

Por su parte, Bertolt Brecht en *Mann ist man* (*El hombre es cualquiera*) aborda la pérdida de la subjetividad como característica del hombre moderno en una sociedad capitalista, dominada por la mercantilización y por el anonimato. El "hombre masa" se disuelve en la muchedumbre, es un "cualquiera".

También se han referido a ello Nietzsche y Heidegger, el primero con la alusión al "rebaño", que es cuando el hombre se empequeñece a sí mismo, reduciéndose a una existencia estandarizada, al término medio existente, naufragando en su intento de elevación; el hombre se vuelve un animal doméstico. Para Nietzsche, el hombre que adhiere a la moral del rebaño es un "esclavo". Todos son iguales, no hay *praxis* de superación. El hombre del rebaño es afecto a la gregarización y a las leyes (democráticas, impuestas por la mayoría). Es el hombre que, aunque parezca fuerte, es de voluntad débil. La filosofía practicada por el rebaño se caracteriza por la utilización de un lenguaje transparente, unívoco, y la divinización de meras convenciones.

Por su parte, Heidegger hace referencia al *Man*, al "se", al "sujeto" de la existencia cotidiana que manifiesta una serie de fenómenos típicos de la vida "pública" que denomina las "habladurías", la "avidez de novedades" y la "ambigüedad", y que encierra, entre otras, una crítica muy aguda a los medios de comunicación de su época[120].

Las "habladurías" tienen una corrosiva ubicuidad. Abarcan no sólo el aluvión de trivialidades, chismes, novedades y clichés, de jerga y grandilocuencia espuria, sino que se extienden a lo que escribimos. El "cualquiera" que le habla a, o mejor dicho, que habla con otro "cualquiera" es al mismo tiempo el síntoma y el resultado del desarraigo y del malestar que dominan una cultura de la inautenticidad. Las "habladurías" hacen público lo que debería ser privado.

La "avidez de novedades" es la curiosidad banal que marca lo que debe ser visto, leído u oído. Por su parte, la "ambigüedad" no sólo se extiende al mundo en general sino a la relación con otros y con uno mismo.

Este es el mundo del "se": se dice, se piensa, se usa, se actúa, etc. En el "se" se pierde la "yoidad" ya que cada uno es antes que nada cualquier otro ser humano, en consecuencia es "nadie" como Ulises respondió ante la pregunta de Polifemo; "nadie", o sea, cualquiera, nadie en particular, el individuo humano indistinguible en la masa[121].

---

[120] Véase Heidegger, Martin, *El ser y el tiempo*, trad. de José Gaos, México, FCE, 1997, pp. 150 y siguientes.

[121] Para estos temas puede consultarse Micieli, Cristina, *El hombre alienado, el último hombre y la caída. Encuentros y desencuentros entre Marx, Nietzsche y Heidegger*, Buenos Aires, Biblos, 2009.

Por su parte, el sociólogo Gino Germani llama "masas en disponibilidad" a los obreros que apoyaron a Perón en 1945. Éstos, a diferencia de los viejos obreros, tenían una serie de características que los hacía proclives a adscribir acríticamente a la personalidad de Perón: 1) predominio de un sistema de valores orientado hacia la búsqueda individual de ventajas económicas; 2) sentimiento de pertenencia a un grupo primario a diferencia de la solidaridad de clase que unía a los viejos obreros; 3) comportamiento político de tipo heterónomo; 4) en ellos prevalece una actitud más emotiva que racional. En definitiva, estos nuevos obreros –migrantes internos recientes- ven satisfechas sus necesidades inmediatas, y por ello aceptan pasivamente la "conducción/manipulación" de un jefe político[122].

También filósofos y literatos han escrito sobre ello desde la biopolítica: Foucault, Agamben, Antonio Negri, para citar algunos.

Por ejemplo, Antonio Negri opone su noción de "monstruo político" al concepto de "vida desnuda" de Agamben, en el que este autor lee una fantasmagoría ideológica que vacía los cuerpos y la vida de su potencia y de su capacidad afirmativa. El "monstruo político" es para Negri otro de los nombres para la multitud, esa multiplicidad anárquica y viviente sin jerarquía ni forma que "esquiva un poder totalizante". El "monstruo (bío)político" de Negri resiste a través del trabajo creativo y la cooperación la voluntad de dominio de un poder que no sólo busca absorber la producción de la multitud, sino también los modos de reproducción de la vida. El "monstruo" es, entonces, la potencia de ese cuerpo colectivo que desborda y altera los principios eugenésicos en torno a los cuales Occidente habría constituido y definido lo "humano".[123] Como vemos, la interpretación de Negri difiere de las anteriores, ya que la multitud, ese "monstruo político" del que habla, es potencialmente revolucionario, pudiendo, por lo tanto, subvertir el *statu quo*. Afirma Negri en "El monstruo político. Vida desnuda y potencia": "Comenzamos a leer la historia desde el punto de vista del monstruo, como producto y umbral de aquellas luchas que nos han liberado de la esclavitud a través de la fuga, del dominio capitalista a través del sabotaje y, siempre, a través de la revuelta y la lucha".[124]

El fenómeno de la "masa" atrae y aterra porque es anónima –los sin nombre- pero su presencia se hace sentir con la contundencia del Sí. Otros autores, como vimos, ven

---

[122] Véase Germani, Gino, *Política y sociedad en una época de transición*, Buenos Aires, Paidós, 1985, pp. 131 y siguientes.

[123] Cf. Varios autores, *Ensayos sobre biopolítica Excesos de vida: Gilles Deleuze, Michel Foucault, Antonio Negri, Slavoj Zizek, y Giorgio Agamben*, trad. de Marcelo Expósito, Buenos Aires, Paidós, 2002.

[124] Negri, Antonio, "El monstruo político. Vida desnuda y potencia", en Varios autores, *Ensayos sobre biopolítica...*, ob. cit., p. 103.

en ella la "caída"[125] en la mediocridad y la vulgaridad, ya que en el mundo del *se* dominan la charla sin fundamento, la curiosidad, el equívoco. La "masa" acepta una vida monótona y gris, sin sobresaltos. Lo "masivo" homogeneiza lo heterogéneo e iguala lo que no puede igualarse.

Tanto Olmos en *Palabra Argentina* como artículos de *La Prensa* se refieren a la "masa", fenómeno propio de la modernidad.

El 17 de octubre se recuerda como el primer gran fenómeno de masas, cuando éstas salieron a las calles pidiendo la liberación de Perón.

Olmos afirma, por ejemplo, en el N° 1 de *Palabra Argentina*[126], que "Perón ... representó una leyenda para las masas, su redención...Se adora al hombre que les reconoció su condición humana...", y en el N° 18[127] "...la pueblada del 17 de octubre señala la cristalización del impulso revolucionario que sacudió a la República. El movimiento de masas dio contenido popular al movimiento de junio...".

Olmos, en este sentido, se refiere al fenómeno de la masa desde la positividad ya que, finalmente, Perón humanizó al hombre masa en su condición de trabajador: lo nombró como trabajador, "cabecita", "descamisado", "compañero", etc., sacándolo del anonimato[128].

"...El liderazgo carismático notoriamente popular de Perón se definió por sus rasgos plebiscitarios, esto es, por una relación directa entre el líder y las masas, con la secundarización de las mediaciones institucionales. Los actos masivos celebrados en la Plaza de Mayo, centrados en el vínculo dinámico pero jerárquico entre el balcón y la plaza, entre el líder que habla desde arriba a una masa que responde e interpela desde abajo, son la representación espacial y escenográfica de ese vínculo".[129]

La Prensa, por su parte, el 17 de febrero de 1956[130] afirma que Perón "buscó conmover la sensibilidad de la masa"; el 1° de mayo de 1956 dice que "el engaño logró hacer carne en la masa", y también que "las masas bramaban ante la voz y los gestos del conductor porque había triunfado el engaño". En el mismo ejemplar *La*

[125] Término empleado por Heidegger para dar cuenta de la "inautenticidad" en la que vive el hombre contemporáneo. Véase *El ser...*, ob. cit.

[126] *Palabra Argentina*, N° 1, 14 de noviembre de 1955, p. 1.

[127] *Palabra Argentina*, N° 18, 9 de abril de 1957, p. 2.

[128] A ello hace referencia Héctor Walter Seigneur, brigadier retirado y miembro de la Resistencia Peronista en el reportaje realizado por el grupo de investigación: "...¡No te podés imaginar cuando apareció en la Plaza y dijo: 'Trabajadores'. Antes no eran nada!". Algo parecido afirma Olmos en el N°1 (14 de noviembre de 1955, p. 7) de *Palabra Argentina*, cuando afirma: "(Perón) representó una leyenda para las masas, su redención...Se adora al hombre que les reconoció su condición humana".

[129] Terán, Oscar, *Historia de las ideas en la Argentina*, Buenos Aires, Siglo XXI Editores, 2008, p. 260.

[130] *La Prensa*, 17 de febrero de 1956, p. 3.

Prensa dice que "su obra (la de Perón) consiste en convertir a la asociación en masa, obteniendo que los hombres, carentes ya de libertad, piensen con mentalidad de conjunto ahogando sus voluntades y responsabilidades individuales".

En este caso, y a diferencia de *Palabra Argentina, La Prensa* hace referencia a la falta de pensamiento crítico por parte del "hombre masa" quien resulta ser fácilmente engañado, manipulado y controlado por un conductor hábil, carismático y astuto.

Si bien Olmos habla de la masa popular desde un lugar paternal y solidario, no obstante sigue estando presente la concepción de la masa como un ser aún amorfo que necesita de un liderazgo fuerte para ser reconocido y humanizado. Por su parte, el diario conservador sigue refiriéndose a la masa como a aquellos humildes conformistas fácilmente engañables y seducibles. *La Prensa* no llega a referirse a ellos –creemos que por razones políticas- como lo hace por ejemplo un Borges, quien en la *Revista Sur* de noviembre-diciembre de 1955 afirma: " Durante años de oprobio y bobería, los métodos de la propaganda comercial y de la *litérature pour concierges* fueron aplicados al gobierno de la república. Hubo así dos historias: una, de índole criminal, hecha de cárceles, torturas, prostituciones, robos, muertes e incendios; otra, de carácter escénico, hecha de necedades y fábulas para *consumo de patanes*...".[131]

[131] Véase Borges, Jorge L., "*L'illusion*...", ob. cit., p. 9. (El subrayado es nuestro).

CUARTA PARTE

EL ESTADO DE EXCEPCION

Antecedentes teóricos en pensadores clásicos

Hagamos, antes de seguir avanzando, un breve recorrido por el pensamiento de algunos clásicos de la filosofía política. Max Weber, por ejemplo, afirma que la política es el mundo de los valores, de los fines e intereses de las voluntades. Más aún, es el ámbito de la fuerza, del poder, de la coacción, de la violencia[132]. Este concepto brutal de la política es apenas aminorado y transformado por el concepto de legitimidad, ya que éste no cancela la sustancia violenta de lo político. La política sin la cobertura de la razón filosófica o científica, no puede sino mostrar la desnudez de su voluntarismo, lucha, pasión, interés, "instintos de poder".

El Estado como asociación política, en consecuencia, reposa en el dominio. La coacción física legítima está presente en la relación que entablan los hombres entre sí, por la cual un grupo pasa a ser el dominante mientras que el otro es el dominado.

La violencia, por lo tanto, es constitutiva de lo político, "es" su estrategia de dominio; esto forma parte indisolublemente de ella, incluso bajo el imperio de las democracias, forma de dominación paradójicamente basada en la abstracta "libertad individual" —deshistorizada y "naturalizada"—, donde el Estado no necesita recurrir permanentemente a la violencia extraeconómica: la violencia está intrínsecamente entretejida en la trama misma de las relaciones sociales, en esa "microfísica" cotidiana del poder a la que se refiere Foucault, y que permite que el monopolio de la violencia del Estado solo se haga evidente cuando falla lo que podemos llamar la autorepresión o subjetividad legitimante.[133]

Por otra parte, "la definición schmittiana de la soberanía ('soberano es el que decide sobre el estado de excepción') se ha convertido en un lugar común, antes incluso de que se haya comprendido qué es lo que en esa definición estaba verdaderamente en juego, o sea, nada menos que el concepto-límite de la doctrina del Estado y del derecho, en que ésta limita con la esfera de la vida y se confunde con ella."[134]

---

[132] Weber, Max, *Estado y sociedad*, t. II, trad. de José Medina Echavarría, México, FCE, 1961, p. 1065.

[133] Foucault, M., *Microfísica…*, ob. cit.

[134] Agamben, G., *Estado de…*, ob. cit., p. 22.

Recordemos que en su *Teología política* Schmitt usaba el concepto de "excepción" [135] para atacar la idea de que conflictos extremos pueden ser resueltos por medio de la legalidad o por una deliberación racional. La excepción es el intervalo dramático en el que la legalidad constitucional y la discusión parlamentaria se ven interrumpidas. La decisión sobre la excepción, la "verdadera decisión", revela en un instante la naturaleza dictatorial de la autoridad soberana.

Para Schmitt no existe una esencia del fenómeno político. Su naturaleza sólo puede ser descubierta en el momento preciso donde una cierta antítesis (de tipo religioso, moral o económico) se transforma en un conflicto de extrema intensidad. Esta, dice Schmitt, se define por la posibilidad de diferenciar entre amigo y enemigo[136]. No es la lucha actual, sino la posibilidad "siempre presente" del combate y de la guerra lo que hace a lo político irreductible a cualquier esfera de acción humana[137]. El enemigo no puede ser reducido a la figura del adversario privado o del competidor económico. Es el que desde dentro (enemigo interno) o desde fuera (enemigo externo) opone y combate en un sentido concreto, vital, la misma existencia de la unidad política[138]. Tampoco se entiende la guerra en este contexto como competición económica o controversia moral o religiosa. El término enemigo, al igual que guerra y combate, refieren "a la posibilidad real de exterminio físico"[139]. Conflictos extremos son "los que no pueden ser decididos ni por una norma general previamente determinada ni por el juicio desinteresado y, por lo tanto, neutral de un tercero"[140]. La situación límite llama a una decisión dirigida a preservar la unidad política concreta que se halla amenazada por el enemigo. Esta decisión, sin embargo, no podría ser tomada por cualquier tipo de entidad o asociación. Schmitt sostiene que el Estado es la única entidad decisiva. Ninguna otra organización posee el derecho de demandar de sus miembros la preparación para morir o matar. Este derecho, por otra parte, es el exacto correlato del supremo deber del Estado de proveer protección y orden. En el caso crítico, el Estado tiene que suspender el derecho tanto para preservar su propia existencia como para crear las condiciones bajo las cuales el derecho puede ser aplicado.

En este sentido, la violencia ejercida por el poder soberano —el que puede quitar la vida a otro impunemente—no es clasificable ni como sacrificio ni como homicidio;

[135] Schmitt, Carl, *Teología política*, trad. de Montserrat Herrero, Buenos Aires, Struhart y Cía., 1985, p. 27.
[136] Schmitt, Carl, *El concepto de lo político*, trad. de Alejandra Obermeier, Buenos Aires, Folios, 1984, p. 38.

[137] Idem., p. 34.
[138] Idem., p. 33.
[139] Idem., p. 27.
[140] Ibídem.

tampoco como ejecución de una condena. Sustrayéndose a las formas sancionadas por el derecho humano y por el divino, se abre una esfera del actuar humano que no es la del *sacrum facere* ni la de la acción profana[141].

Existe, como afirma Schmitt, una esfera-límite de la acción humana que se sostiene únicamente como una relación de excepción. Esta esfera de la decisión soberana, que suspende la ley en el estado de excepción, incluye en él la *nuda vida*[142].

El núcleo problemático del estado de excepción, en consecuencia, es la relación entre anomia y derecho, estructura constitutiva del orden jurídico. Esta es la doble naturaleza del derecho; por esta ambigüedad constitutiva del orden jurídico, éste aparece, al mismo tiempo, afuera y adentro de sí mismo.

G. Deleuze ha afirmado que "la soberanía no reina más que sobre aquello que es capaz de interiorizar",[143] y a propósito del *grand enfermement* descrito por Foucault en *Historia de la locura*, Blanchot nos habla del intento de la sociedad de "encerrar el afuera", es decir de constituirlo en una "interioridad de espera o de excepción".[144] Frente a un exceso, el sistema interioriza aquello que lo excede por medio de una prohibición y, de este modo, "se designa como exterior a sí mismo", afirma Blanchot.

La excepción que define la estructura de la soberanía es, sin embargo, más compleja. Lo que está afuera no queda incluido por medio de una interdicción o un internamiento simplemente, sino por la suspensión de la validez del orden jurídico, dejando, en consecuencia, que éste se retire de la excepción, es decir, que la abandone. No es la excepción la que se sustrae a la regla, sino que es la regla la que, suspendiéndose, da lugar a la excepción, y sólo de este modo se constituye como regla, manteniéndose en relación con aquella. El particular "vigor" de la ley consiste en esta capacidad de mantenerse en relación con una exterioridad. Agamben llama relación de excepción a esta forma extrema que sólo incluye algo a través de su exclusión.

La situación creada por la excepción tiene, por lo tanto, la particularidad de que no puede ser definida ni como una situación de hecho ni como una de derecho, sino que introduce entre ambas un paradójico umbral de indiferencia. No es un hecho, porque

[141] Cf. Agamben, G., *Estado de...*, ob. cit.

[142] En esta investigación no profundizaremos en los alcances de este concepto medular en los estudios de la biopolítica, aunque sí daremos algunas precisiones cuando lo requiera la investigación (véase al respecto la nota 118).

[143] Deleuze, Gilles y Guattari, Felix, *Mil mesetas: capitalismo y esquizofrenia*, trad. de Patricio Peñalver, Valencia, Pre-Textos, 1988, p. 445.

[144] Blanchot, Maurice, *L'entretien infinit*, Paris, Seuil, 1962, p. 292.

sólo se crea por la suspensión de la norma; pero, por la misma razón, no es tampoco una figura jurídica particular, aunque abra la posibilidad de la ley.[145]

El estado de excepción es el lugar en el cual esta ambigüedad emerge a plena luz y, a la vez, el dispositivo que debería mantener unido a los dos elementos contradictorios del sistema jurídico. Él es, en este sentido, aquello que funda el nexo entre violencia y derecho y, asimismo, es el punto en el que se vuelve "efectivo" aquello que rompe este nexo.

La percepción de amenaza

° Los días del derrocamiento

Si bien las actitudes conspirativas fueron creciendo a partir del 51', será recién en 1955 cuando, a pesar de una mejora en los índices económicos, se plasmarán en un levantamiento en el que las Fuerzas Armadas jugarán un rol fundamental. Sin embargo, la caída del régimen peronista se debió menos a la fuerza de ese conglomerado heterogéneo llamado antiperonismo que a la debilidad de la alianza que diera forma a la nueva hegemonía (Fuerzas Armadas, clase obrera, burguesía nacional) para poder ampliar ese proyecto, incluyendo a algunos sectores y modificando a otros.

Si hasta junio del 55' los oficiales que pretendían derrocar a Perón eran una minoría- principalmente reunida én el cuerpo de Marina- que venía presentando síntomas de un levantamiento desde hacía tiempo, como lo sostiene el entonces ministro de Marina Aníbal Olivieri en su libro *Dos veces rebelde* (1957), el conflicto con la Iglesia acercó a la acción a muchos militares. Éstos -en su mayoría católicos creyentes y practicantes - se vieron muy disconformes con las actitudes tomadas por el gobierno en su enfrentamiento con la Iglesia. Se manifestaron claramente tres grupos en el interior de las Fuerzas: los más adeptos a Perón, los sectores siempre opositores reunidos en la Marina y en cuerpos de elite del ejército más ligados a la burguesía agraria, y un tercer sector que había mantenido su apoyo al proceso instalado desde el 43', pero no era directamente peronista y que ahora pasaba a la oposición.

El desorganizado intento de asesinar a Perón -dirigido por la Marina el 16 de junio con apoyo de algunos comandos civiles- mostró dos cuestiones: la temible posibilidad para los militares de la creación de una milicia obrera y el apoyo que aún tenía Perón dentro del Ejército, así como su oposición clara en la Marina.

[145] Agamben, G., *Homo sacer*, ob. cit., p. 31.

Recordemos que el 16 de junio de 1955 durante una manifestación convocada por la CGT para desagraviar la bandera nacional en Plaza de Mayo, y en la cual estaba prevista la participación de Perón, la Marina (la fuerza más antiperonista) -con apoyo de algunos sectores de la Fuerza Aérea- bombardearon la Casa Rosada con el fin de eliminar a Perón. Ese día, la aviación naval debía realizar un homenaje al general San Martín, por lo cual los vuelos rasantes de los Glenn Martin y Douglas DC3 no sorprendieron a la multitud reunida hasta que cayeron las bombas[146]. Perón, alertado de un posible atentado, se encontraba refugiado en el Ministerio de Ejército, desde el cual el general Franklin Lucero dirigió la represión contra el movimiento insurgente que se parapetó en el Ministerio de Marina (frente a la Casa Rosada). El ministro de Marina y el jefe del Estado Mayor, contralmirante Samuel Toranzo Calderón, dirigieron las acciones desde ese edificio y pusieron como condición rendirse solamente frente al Ministerio de Ejército[147].

La CGT llamó a defender a Perón y reunió varios manifestantes en Plaza de Mayo. Una nueva ofensiva de la Fuerza Aérea sin comunicación con la central rebelde[148] volvió a lanzar bombas. Finalmente, se logró reducir a los rebeldes, los jefes de la Marina fueron apresados y enviados a la prisión de Santa Rosa. El bombardeo dejó como saldo aproximadamente 300 muertos, aunque nunca se pudo determinar con precisión la cantidad de víctimas. Luego de la fracasada intentona, que no tuvo apoyo en el ejército hasta aquel momento, 39 aviadores rebeldes se exiliaron en el Uruguay. Por la tarde y noche grupos peronistas incendiaron y destruyeron varias iglesias del centro porteño, entre las cuales estaba la Curia Metropolitana.

Perón, ahora controlado por el ejército, el 17 de junio llama en un discurso al apaciguamiento y se compromete a reparar los daños producidos en las iglesias. Una purga realizada dentro del gobierno eliminó a los elementos duros anticlericales, como el ministro del Interior, Angel Borlenghi, y de Educación, Méndez San Martín, al igual que el secretario de Prensa y Difusión, Raúl Apold, quienes abandonaron el país.

El 5 de julio Perón, como demostración de su política de apertura, convocó a representantes de los principales partidos a manifestarse por radio. Vicente Solano Lima y Arturo Frondizi se manifestaron duramente contra el gobierno y prácticamente instaron a su derrocamiento.

---

[146] Cf. Rouquié, Alain, *Poder militar…*, ob. cit.

[147] Cf. Olivieri, Aníbal O., *Dos veces rebelde*, Buenos Aires, Ediciones Sigla, 1958.

[148] Idem.

El 15 de julio Perón llamó a la pacificación y anunció el fin de la Revolución Peronista proclamando que, en adelante, sería el Presidente de "todos los argentinos"[149].
Luego de que el 19 de agosto anunciara el fin de la tregua política, Perón envió una carta, que se hace pública, dirigida al Partido Peronista y a la CGT. En ella anunciaba su decisión de "retirarse del gobierno para eliminar un obstáculo a la pacificación"[150]. Evitando pronunciar el término renuncia, el presidente afirmaba que "nuestros adversarios y enemigos políticos ponen como condición para cambiar de actitud mi salida del gobierno". Rápidamente, el partido y la CGT llaman a una manifestación en Plaza de Mayo para hacer cambiar de parecer a Perón, quien aclamado por la multitud se presentó en el balcón presidencial. Desde allí, lanzó uno de sus discursos más virulentos recordado por sus opositores, en el cual llamaba a responder a la violencia de la oposición con más violencia: "¡Y cuando uno de los nuestros caiga, caerán cinco de ellos!".
Entre junio y septiembre de aquel año varios sectores nacionalistas del ejército se decidirán por su participación, por acción u omisión, en el levantamiento del 16 de septiembre del 55. Éstos, que se habían mostrado afines a la política económica y el proyecto de industrialización con redistribución, hoy se hallaban molestos por la política aperturista de Perón con el capital extranjero. También los afectaba la manifestación de los enfrentamientos de clase que disgustaba a los nacionalistas -interesados en mantener las jerarquías- y su desconfianza hacia las clases trabajadoras, así como el clima anticlerical que alarmaba a este sector muy ligado a las posiciones católicas extremas.
Sin duda, el discurso de Perón del 31 de agosto volcó a una rápida decisión de algunos altos oficiales a sumarse a un nuevo levantamiento, instigados por los sectores más antiperonistas de los partidos políticos tradicionales, en particular el radicalismo balbinista. De modo que el 16 de septiembre de 1955 comienza en Córdoba y -bajo las órdenes del general Eduardo Lonardi- un alzamiento militar que rápidamente encontrará apoyo en las bases navales de Río Santiago y Puerto Belgrano, bajo el comando del contralmirante Isaac Rojas.
La Marina de Guerra se sumó íntegramente al alzamiento, mientras que el Ejército mostró focos de resistencia leal en diferentes puntos del país.
Frente a la creciente represión por parte del gobierno, los rebeldes apelaron a su carta de triunfo, amenazando bombardear desde los buques de la marina puntos neurálgicos, como las destilerías de La Plata, depósitos de combustible en Mar del

---

149 Rock, David, *La Argentina autoritaria*, trad. de Jorge Luis Ossona, Buenos Aires, Ariel, 1993.

150 Halperín Donghi, Tulio, *La democracia de masas*, Buenos Aires, Paidós, 1983, p. 86.

Plata, y emprender camino hacia Buenos Aires. El 19 de setiembre por la mañana, el buque "9 de Julio" bombardeó los depósitos de combustible de Mar del Plata y amenazó con seguir avanzando por la costa atlántica[151].

Ante semejante situación, Perón envió una carta en la que habla de "renunciamiento personal"[152], mientras el general Lucero, al mando de las tropas leales, invitaba a dialogar a los rebeldes sin aludir a una renuncia del presidente. Luego de dos días de negociaciones entre Lucero y los rebeldes, éstos anuncian aceptar la dimisión de Perón, quien el 20 de septiembre se refugia en la embajada paraguaya para luego partir en una cañonera con bandera de esa nacionalidad el 23 de septiembre, día en que el general de división Eduardo Lonardi asume como presidente provisional y el contralmirante Rojas como vicepresidente.

Como vimos precedentemente, el Ejército modificará su actitud con relación al peronismo, el movimiento obrero y su accionar político. Este cambio de dirección obedecerá a la presión de los sectores dominantes y las clases medias durante su 2° gobierno, en el cual le reprochaban su excesiva tolerancia con el régimen. Sentían que debían intervenir en la vida política para defender la Constitución, la moral, la justicia, ya que el gobierno había violado todas esas "normas sagradas". Era necesario tomar el poder para "restaurar la democracia" y borrar todos los "vestigios de totalitarismo"[153]. Así, los oficiales antes nacionalistas del ejército tomarán conciencia de su "enorme responsabilidad" y se inclinarán a apoyar a los sectores ultraliberales reunidos principalmente en la Marina.

Los movimientos del golpe del 55 -como sostiene Rouquié- dan cuenta que fue la Marina quien determinó el triunfo de la llamada Revolución Libertadora, con su avance por la costa atlántica tras bombardear el puerto de Mar del Plata. El ejército rebelde, dirigido por el general Lonardi en Córdoba, mostraba en ese momento signos de debilitamiento, hasta la amenaza del contralmirante Rojas de bombardear Buenos Aires y La Plata. Desde ese momento, las hasta entonces fuerzas leales fueron resistentes en algunos casos, pero en otros se rendirán sin lucha como una forma de actuar por omisión.

---

[151] Cf. Rouquié, Alain, *Poder militar...*, ob. cit.

[152] La frase completa dice: "Si mi espíritu de luchador me impulsa a la pelea, mi patriotismo y mi amor al pueblo me inducen a todo renunciamiento personal", en Rouquié, Alain, *Poder militar...*, t. II, ob. cit., p. 119.

[153] Rouquié, A., *Poder militar...*, t. II, ob. cit., p. 129.

° La teoría de la necesidad

El "estado de excepción" se legitima por una percepción de amenaza al estado de derecho o a la Constitución Nacional. Ese estado opera en un espacio vacío de derecho, en el cual todas las determinaciones jurídicas son desactivadas. En este sentido, "es ese momento del derecho en el que se suspende el derecho, precisamente para garantizar su continuidad e inclusive su existencia. O también: la forma legal de aquello que no puede tener forma legal, porque es incluido en la legalidad a través de su exclusión" [154].

Claramente, el discurso pronunciado por Aramburu el 1° de mayo de 1956[155] insiste en esta percepción de amenaza cuando afirma que "el Estado, que es la institución mayor y la expresión del todo social, no puede tolerar otro estado dentro de sí mismo. Cuando el equilibrio social se rompe, el pueblo o la Nación corren el peligro de sucumbir. En tal oportunidad el Estado tiene la obligación de ejercer su poder".

Una opinión recurrente ubica como fundamento del estado de excepción el concepto de necesidad. Esto es, se justifica la interrupción del curso institucional por una supuesta necesidad para salvar el destino de la Nación que se ha desviado de un rumbo predeterminado, prefijado o, supuestamente, preconsensuado. Tal desvío es obra de Perón, quien se ha colocado fuera de la ley pues ha traicionado el mandato constitucional. El golpe de Estado aparece como una necesidad de salvaguarda de la Patria y de su "destino de grandeza" .

Agamben afirma que una "teoría de la necesidad no es sino una teoría de la excepción (*dispensatio*), en virtud de la cual un caso singular es sustraído a la obligación de observar la ley. La necesidad no es fuente de ley ni tampoco suspende, en sentido propio, la ley…". [156]

El estado de excepción como figura de la necesidad se presenta como una disposición ilegal pero "jurídica y constitucional", y se concreta en la producción de nuevas normas.

Sin embargo, la teoría de la necesidad naufraga en una aporía que concierne a la naturaleza misma de la necesidad, a pesar de que ella es "vivida" como una situación objetiva. En efecto, lejos de presentarse como un dato objetivo, implica un juicio subjetivo. En tal sentido, son necesarias y excepcionales aquellas circunstancias que son declaradas como tales.

---

[154] Agamben, Giorgio, *Estado de…*, ob. cit., p. 24.

[155] *La Prensa*, 2 de mayo de 1956, pp.1

[156] Agamben, G., *Estado de…*, ob. cit., p. 61.

"El de necesidad es un concepto totalmente subjetivo, relativo al objetivo que se quiere alcanzar. Podrá decirse que la necesidad dicta la emanación de una determinada norma, porque de otro modo el orden jurídico existente se ve amenazado; pero para decir esto es preciso acordar en que el orden existente debe ser conservado.
Podrá de un modo revolucionario proclamarse la necesidad de una norma nueva que anule instituciones vigentes contrarias a las nuevas exigencias; pero es preciso estar de acuerdo en que el orden vigente va a ser perturbado en vistas a nuevas exigencias. En un caso y en el otro, el recurso a la necesidad implica una valoración moral y política (o como sea, extrajurídica) por la cual se juzga el orden jurídico y se lo considera digno de conservación o de potenciamiento aun al precio de su eventual violación. El principio de la necesidad es, por lo tanto, siempre, y en todos los casos, un principio revolucionario.
El intento de resolver el estado de excepción en el estado de necesidad se encuentra de este modo con tantas y aún más graves aporías que las que presentaba el fenómeno que habría debido explicar. No sólo la necesidad se reduce en última instancia a una decisión, sino que aquello sobre lo cual ella decide es, en verdad, un indecible de hecho y de derecho".[157]
"El *status necessitatis* se presenta como una zona ambigua e incierta"[158] en la cual los procedimientos de facto, en sí mismos extra o antijurídicos, pasan a ser de derecho, y las normas jurídicas se indeterminan en mero facto. Hecho y derecho se vuelven indecibles.
Se dice que "la Constitución de 1949 es nula de pleno derecho y por lo tanto carece de valor…¿Cuáles son sus vicios de nulidad? ¿Por qué no se los declara?", se pregunta Olmos. Es obvio que "si se vuelve a la Constitución de 1853 y a sus sucesivas reformas, quedan afuera los Derechos del Trabajador, de la Ancianidad, de la Familia, de la Educación, de la Cultura, de la Nación respecto de la riqueza del subsuelo, los servicios públicos, etc. Se echarán por tierra todas las conquistas pero esto no se menciona sino que se silencia"[159]. Todo ello a pesar de que se proclamó desde las emisoras que acompañaron al movimiento triunfante que "todas las conquistas serían respetadas"[160].
Los "libertadores" han interpretado como necesario el derrocamiento de Perón, ante la supuesta situación objetiva de vacío de poder y al alto grado de conflictividad. En tal caso, para poder revertir la situación es necesario hacerse con la totalidad de los resortes del poder, y concretamente, con el poder del Estado, para contar con los

---

[157] Idem., p. 68.
[158] Idem., p. 66.
[159] *Palabra Argentina*, N° 3, 12 de diciembre de 1955, p. 2.
[160] Ibídem.

instrumentos necesarios para enfrentar la situación. En este sentido, el "estado de naturaleza sobrevive en el soberano, que es el único que conserva su *ius contra omnes* natural. La soberanía se presenta como una incorporación del estado de naturaleza o, si se prefiere, como umbral de indiferencia entre naturaleza y cultura, entre violencia y ley".[161]

° La "suspensión" de la vida

El estado de excepción es la instauración de una "guerra civil legal" que permite la eliminación física de cualquier adversario político declarado, y de cualquier otro ciudadano no integrable al sistema político.
El estado de naturaleza pasa a ser un principio interno del Estado[162]. Y la violencia que se ejerce, por la cual el Estado soberano puede quitarle a cualquier persona la vida impunemente, ya no se considera como un homicidio ni como un sacrificio de características religiosas.
En este sentido, la vida queda suspendida y depende de una "decisión". El bombardeo de la Casa Rosada del 16 de junio, precursor de la instalación del nuevo gobierno, se enmarca en este esquema, lo mismo que las persecuciones, amenazas, prisiones y fusilamientos que se sucedieron.
Si bien "se llamaba a la 'paz nacional' con la generosidad teórica de que no había ni vencedores ni vencidos, se encarcelaba a la vez y se apuntaba con cañones la plaza pública ... se deroga la Constitución de 1949, se destruyen estatuas, se disuelven organizaciones, se intervienen los diarios". [163] Se está instalando un estado de excepción subrepticiamente, de a poco, en las sombras. Olmos hace un paralelo con la Revolución Francesa ya que funciona un Comité de Salud Pública, que en nombre de la libertad, la igualdad y la fraternidad cercenó millares de cabezas.
De esta forma, se presentan ante el extranjero, sigue *Palabra Argentina*, "nuestras miserias", miserias que fueron sostenidas durante 10 años por el pueblo, las Fuerzas Armadas, la prensa. Con el procesamiento a Perón por traición a la Patria, "se ha quebrantado la 'consigna ni vencedores ni vencidos'. La Revolución no levantó en sus inicios la bandera de la persecución. (Pero solo) el odio mueve causas como ésta, donde se quiere demostrar que la suma del poder en manos de Perón fue traición a la Patria...

[161] Agamben, G., *Homo...*, ob. cit., p. 51.
[162] Según Agamben, el "estado de naturaleza" al que se refiere Hobbes en el *Leviatán*, en el cual se da una permanente guerra de todos contra todos, pasa a ser interiorizado por el poder soberano, ya que "la violencia soberana no se funda en verdad sobre un pacto, sino sobre la inclusión de la *nuda vida* en el Estado". (*Homo...*, ob. cit., p. 138).
[163] *Palabra Argentina*, N° 3, 12 de diciembre de 1955, p. 1.

Se dice que lo que se enjuicia son las leyes del Congreso que dieron a Perón facultades extraordinarias, en contra de lo que afirma la Constitución; pero en realidad, estas leyes no existieron".

Por su parte, Olmos afirma en el N° 3 de *Palabra Argentina*[164] que "está por aparecer un nuevo cuerpo legal que tiene por nombre 'estatuto constitucional', (a pesar) de que para los partidos tradicionales la Constitución de 1853 era expresión quintaesenciada de la pura democracia, pero ahora tampoco se acata". Menos la de 1949. En definitiva, se busca un Reglamento para justificar legalmente la conducta del gobierno. "De aquí no puede surgir paz, sino sólo una paz asentada en la fuerza, la persecución y la falta de libertad. (Por ello) el horizonte está preñado de amenazas y de sangre".

Recordemos las palabras de Esposito cuando dice: "La violencia no se limita a preceder al derecho ni a seguirlo, sino que lo acompaña –o mejor dicho, lo constituye- a lo largo de toda su trayectoria con un movimiento pendular que va de la fuerza al poder y del poder vuelve a la fuerza. Dentro de este circuito se pueden distinguir tres pasajes distintos y concatenados: 1) al comienzo siempre es un hecho de violencia –jurídicamente infundado- el que funda el derecho; 2) este último, una vez instituido, tiende a excluir toda otra violencia por fuera de él; 3) pero dicha exclusión no puede ser realizada más que a través de una violencia ulterior, ya no instituyente, sino conservadora del poder establecido. En última instancia, el derecho consiste en esto: una violencia a la violencia por el control de la violencia[165].

En efecto "…de improviso se forma una verdadera red de investigadores que envuelve a todo el edificio del Estado. Por supuesto, ello respondía al concepto de que la casi totalidad de las dependencias públicas se hallaban roídas por el cáncer de los funcionarios deshonestos…(lo cual ha producido) el crecimiento repentino de la población carcelaria…Al ser suprimidos los derechos individuales como consecuencia del gobierno de facto, las autoridades surgidas del movimiento de septiembre iniciaron, a pocos días de la victoria, una tarea realmente ciclópea.[166] …Odio, ofuscación y revancha han tejido la venda que cubre los ojos de los 'maestros de la política'"[167].

Hay confusión entre gobernar y mandar. De esto habla el editorial del N° 8 de *Palabra Argentina*[168], cuando afirma que "los hombres que hoy detentan el poder

---

[164] Idem., p. 2.

[165] Esposito, Roberto, *Inmunitas*, trad. de Luciano Padilla López, Buenos Aires, Amorrortu, 2005, pp. 46-47.

[166] *Palabra Argentina*, N° 3, 12 de diciembre de 1955, p. 1.

[167] Ibídem.

[168] *Palabra Argentina*, N° 8, 22 de octubre de 1956, p. 1.

del Estado han confundido el gobierno con el mando, transformando la fuerza en el derecho, el interés en la justicia y su voluntad en la ley".

Recordemos que según Agamben el estado de excepción es la forma legal de aquello que no puede tenerla, y opera en un espacio vacío de derecho. El derecho queda suspendido.

Desde un punto de vista técnico, el estado de excepción no es tanto la confusión entre el Poder Ejecutivo y el Legislativo, sino el aislamiento de la "fuerza de ley"[169] de la ley. Él define un "estado de ley" en el cual, por un lado, la norma está vigente pero no se aplica (no tiene "fuerza") y, por otro, actos que no tienen valor de ley adquieren la "fuerza". "El estado de excepción es un espacio anómico en el que se pone en juego una fuerza-de-ley sin ley".[170]

Este aislamiento de la "fuerza de ley" de la ley es descrito por *Palabra Argentina* en su N° 13[171]. Allí afirma que "el gobierno de 'facto' ha hecho tabla rasa de las leyes para imponer el principio de la fuerza en razón de la victoria. El capricho del poder ha puesto a la Nación al margen de su ordenamiento jurídico haciendo valer las normas impuestas por el criterio de quienes mandan pero no gobiernan. Es así que las reformas constitucionales fueron derogadas por los mismos que juraron mantenerlas; la libertad privada de los ciudadanos está sometida al arbitrio policial del Estado y no a la garantía de los jueces; las organizaciones sindicales han sido avasalladas en el claro designio de servir intereses ajenos a la masa trabajadora; se ha sustituido la voluntad del pueblo en la digitación de palaciegos candidatos y, finalmente, las fuerzas armadas han sido conmovidas por un divisionismo dramático en momentos que ellas debieran garantizar la paz de la República".

Y en el N° 8[172] del periódico se refiere a que el gobierno no se apoya en el asentimiento del pueblo sino que se le impone a partir de una arbitraria presunción de mando. El gobierno, por el contrario, es la conducción de los destinos de la Nación de acuerdo con la voluntad de sus elementos componentes. Y sigue: "Otra cosa es pretender embretar al pueblo en las directivas 'por decreto' y obligarlo a formas determinadas de pensamiento, doctrinas y agrupaciones. Esto ya no es gobernar sino mandar; no es democracia sino despotismo".

---

[169] "En sentido técnico el sintagma 'fuerza de ley' se refiere, tanto en la doctrina moderna como en la antigua, no a la ley, sino a aquellos decretos –que poseen precisamente fuerza de ley- que el poder ejecutivo puede estar autorizado en algunos casos –y, particularmente, en el estado de excepción- a emanar". (Agamben, G., *Estado de...*, ob.cit., p. 79).

[170] Agamben, G., *Estado de...*, ob. cit., p. 81.

[171] *Palabra Argentina*, N° 13, 19 de marzo de 1957, p. 1.

[172] *Palabra Argentina*, N° 8, 22 de octubre de 1956, p. 1.

° Nuevas máscaras para una vieja escena

Como dice Marx en *El 18 Brumario de Luis Bonaparte*, la historia se repite primero como tragedia y luego como farsa.

Los "libertadores" del 55 han reeditado la vieja escena de la década del 30 con nuevas máscaras acordes a los tiempos que corren.

Para legitimar esta nueva escena, políticos y economistas de entonces renacen gracias al teatro de la política. Marx afirma que los muertos metrallan la cabeza de los vivos, pero las segundas partes resultan, dentro de lo dramático de la coyuntura, pobres en contenido, débiles en imagen, falaces y hasta "chistosas".

A esta política como espectáculo se refiere Olmos en la edición N° 32[173]: "Ya era conocida la máscara de estos falsos apóstoles de la democracia a palos y de la libertad con hambre...Todos estaban preparados para la gran destrucción desde muchos años. Así lo reconoció el general Menéndez en su alocución del 28 de septiembre próximo pasado, recordándolo como jefe de la asonada de 1951... Producida la traición se levanta el telón...Van apareciendo por su orden personajes ya caducos bien maquillados pero que no obstante dejan advertir rostros conocidos que otrora representaron sus papeles en el ciclo de la farsa. Mentados en los coturnos de la infamia salen a escena desde los rincones que los sumergió la voluntad popular y su propia incapacidad, con todos los resentimientos que maduran los que se sienten despreciados...Encorvados bajo el peso de una ancianidad sin gloria y sin respeto, con sus voces ahuecadas de trágicos decadentes, salen a escena pretendiendo impresionar con muecas anacrónicas más parecidos a gestos ridículos de arlequines". Oscar Alende, Horacio Thedy, Américo Ghioldi, los católicos Bullrich y Marcó, Luciano Molina, Zabala Ortiz, a los que se agregan Prebisch, Verrier, Pinedo, entre otros. "Ahí está la Junta Consultiva hablando de democracia, que se reúne por la tarde en un recinto del Congreso Nacional, donde por la noche se tortura a detenidos políticos".

El decreto de las prohibiciones

Cuando llegaba la noticia de una situación que ponía en peligro la República, el senado romano daba lugar a la proclamación de un *iustitium,* que significa literalmente la interrupción o suspensión del derecho. Esta institución tenía en su base un decreto que declaraba el *tumultus*, que era la situación de emergencia que advenía en Roma luego de una guerra externa, una insurrección o una guerra civil.

[173] *Palabra Argentina*, N° 32, 16 de julio de 1957, p. 4.

Maquiavelo retoma esta idea cuando en sus *Discursos* sugería romper el "ordenamiento político para salvarlo".[174]

La *iustitium* no ponía sólo en cuestión el espacio público, sino también el derecho privado. Este, por así decirlo, quedaba neutralizado.

Siguiendo la indagación genealógica de Agamben, el moderno estado de excepción –que echa sus raíces en el *iustitium* romano- no es una dictadura (constitucional o inconstitucional), sino un espacio vacío de derecho, como dijimos reiteradamente. "Falsas son, por lo tanto, todas las doctrinas, afirma Agamben, que buscan anexar inmediatamente el estado de excepción al derecho, y son, por ende, falsas tanto la teoría de la necesidad como fuente jurídica originaria como la que ve en el estado de excepción el ejercicio de un derecho del estado a la propia defensa".[175] En tal sentido, muchos teóricos, entre ellos Schmitt, veían al estado de excepción como la moderna figura de la dictadura romana, tesis no compartida por Agamben.

El problema crucial relacionado con la suspensión del derecho es el de los actos cometidos durante el *iustitium*, cuya naturaleza "parece escapar a toda definición jurídica. En cuanto no son ni transgresivos, ni ejecutivos, ni legislativos, parecen situarse con respecto al derecho en un no-lugar". A este no-lugar responde la fuerza-de-ley, que encarna una contradicción en sus propios términos.

El 5 de marzo de 1956 se sanciona el Decreto Ley 4161 mediante el cual se prohíbe toda utilización del nombre de Perón y de las palabras e imágenes relacionados con el movimiento peronista. El decreto impide "la utilización de la fotografía, retrato o escultura de los funcionarios peronistas o sus parientes, el escudo y la bandera peronista, el nombre propio del presidente depuesto, el de sus parientes, las expresiones 'peronismo', 'peronista', 'justicialismo', 'justicialista', 'tercera posición', la abreviatura P.P., las fechas exaltadas por el régimen depuesto, las composiciones musicales 'Marcha de los Muchachos Peronistas' y 'Evita Capitana' o fragmentos de las mismas, y los discursos del presidente depuesto o su esposa o fragmentos de los mismos". Así, se llega a cancelar todo estatuto jurídico de un individuo, produciéndose un ser jurídicamente innombrable e incalificable. Como ya dijimos, Perón es llamado "delincuente", "tirano prófugo", "corruptor", "monstruo". Del mismo modo, sus seguidores ya no pueden autoproclamarse "peronistas". Comienza el intento de "desperonizar" el país[176].

---

[174] Cf. Agamben, G., *Estado de...*, ob. cit., pp. 85-101.

[175] Idem., p. 99.

[176] Además del artículo precedentemente citado, el art. 3 es el que fija las penas para quien infrinja el decreto-ley: "a) Con prisión de 30 días a 6 años y multa de quinientos (m$n 500) a un millón (m$n 1.000.000) de pesos. b) Además, con inhabilitación absoluta por doble tiempo del de la condena para desempeñarse como funcionario público o dirigente político o gremial. c) Además, con clausura por 15 días, y en caso de reincidencia, clausura definitiva cuando se trate de empresas comerciales.

En el artículo titulado "Un Decreto totalitario", *Palabra Argentina* N° 8[177] afirma que la "democracia" a la que asistimos no es la forma política que conocemos sino una abstracción elevada a la categoría de dogma, ya que para sostenerse y defenderse debe recurrir a actos antidemocráticos. Para que la democracia se convierta en totalitarismo, ésta sólo necesita volverse obligatoria. Todo lo que es execrable bajo una dictadura, se vuelve moral si se hace en nombre de la democracia.

Sin embargo, las acciones que realiza son dictatoriales: la disolución por decreto de dos partidos políticos (Peronista y Comunista), la declaración de ilegalidad de las huelgas obreras, la prohibición de los nombres, símbolos y expresiones características del gobierno anterior, la censura sobre el periodismo, el mantenimiento del control de los medios de publicidad y de distribución del papel. En nombre de la democracia se decreta el estado de sitio, instrumento propio que toda dictadura utiliza para encarcelar sin un proceso legal previo. Pero ahora se lo decreta para defender la democracia y la sociedad de agitadores, perturbadores y elementos totalitarios.

El dictador asegura que respetará la Constitución siempre y cuando no se oponga a sus fines. Y el gobierno se siente más democrático que la Constitución.

Este es un gobierno revolucionario porque "ha revolucionado todas las normas legales, políticas y éticas", que ha producido un decreto despótico en defensa de la democracia para que "nos examine individual o colectivamente" y se eviten las desviaciones.

El art. 3 de este decreto afirma que "Organización totalitaria es toda organización de extrema derecha o de extrema izquierda que so pretexto de defender los principios de la nacionalidad procure formas de gobierno totalitarias o dictatoriales, o niegue los derechos del hombre, y/o la forma republicana y democrática de gobierno". Olmos se pregunta a renglón seguido: "¿Y cuando la situación se da a la inversa?...Cuando se proclama los derechos del hombre y se ejecutan actos totalitarios…" Por su parte el art. 4 dice que "se entiende por comunista todo afiliado al partido comunista o a cualquier otro partido que responda al movimiento comunista y a toda persona que en forma ostensible o encubierta milite en dicho movimiento, aunque no esté afiliado a uno de esos partidos". El campo de acción

---

Cuando la infracción sea imputable a una persona colectiva, la condena podrá llevar como pena accesoria la disolución. Las sanciones del presente decreto-ley no serán susceptibles de cumplimiento condicional, ni será procedente la excarcelación".
Por último, los artículos 4 y 5 daban cuenta de quienes firmaban el decreto-ley.

[177] *Palabra Argentina,* N° 8, 22 de octubre de 1956, p. 2.

del articulado es vastísimo por ser tan difuso. Todo se puede violar si se hace en nombre de la democracia. Su fracaso será contundente, asegura Olmos.

Quedan suspendidos por tiempo indefinido, asimismo, las libertades personales, como de expresión y reunión, inviolabilidad del domicilio, secreto de la correspondencia, etc. El estado de excepción, que era la suspensión temporal del ordenamiento sobre la base de una supuesta situación real de peligro, se manifiesta ahora como algo que perdurará en el tiempo, llegándose a confundir con la propia norma. Pasa a ser una "forma constante" fuera del orden jurídico normal.

Con esta medida, queda claro que el poder soberano no debe buscarse en la libre cesión, por parte de los súbditos, de su derecho natural, sino en la conservación, por parte del soberano, de su derecho para hacer cualquier cosa a cualquiera, que se presenta ahora como derecho a castigar.[178]

¿Por qué si esta democracia es tan buena, se toman tantos recaudos para defenderla? A la impopularidad de su origen, el gobierno suma la impopularidad de sus planes: imponer su voluntad al pueblo, afianzar la restauración oligárquica. "En aras de la democracia simbólica sacrifica al país real, al país viviente y sufriente, y a la democracia real que nada tiene que ver con ella". Este decreto se sancionó para evitar que los votos peronistas migren al comunismo, o para impedir que esos votos sean para Frondizi, Solano Lima, Amadeo, o un posible sucesor del peronismo.

"Esta no es la forma de combatir el comunismo, que halla el caldo de cultivo en el resentimiento y en la desesperación. La forma correcta de hacerlo es logrando que no haya ni desesperados ni resentidos, poniendo en libertad los presos políticos y gremiales, mejorando el nivel de vida, terminando con la intervención de la CGT y con las cesantías y concluyendo con la propaganda 'bélica' contra el gobierno depuesto.

La tiranía no está en las ideas sino en la obligación de aceptarlas. La democracia es la convivencia pacífica y el libre debate de las ideas", termina afirmando.

Y bajo el título "¿Invasión o dictadura?", Olmos se pregunta en el N° 8 de *Palabra Argentina*[179], qué categoría le corresponde a Aramburu, la de dictador o la de invasor.

Aramburu ha reiterado que la Revolución está por encima de la Constitución, autoproclamándose el "primer gobernante supraconstitucional de nuestra historia". ¿Qué diferencias desde el punto de vista jurídico hay entre un invasor y un gobernante que se declara supraconstitucinal?. Ninguna. Aramburu es más un invasor que un dictador, pues éste gobierna en nombre de un partido mayoritario que lo sostiene lesionando la Constitución. El invasor la suprime. "Se ha colocado

---

178 Cf. Agamben, G., *Homo...*, ob. cit., p. 138.

179 *Palabra Argentina,* N° 8, 22 de octubre de 1956, p. 4.

contra la línea de Mayo y Caseros y contra todo nuestro pasado institucional histórico".
Es una contrarrevolución sólo en el plano social, pero es invasión en el plano político por haber cortado toda relación jurídica con la Argentina de San Martín (esto es, de la independencia). "Nos hallamos en presencia de una nación jurídicamente distinta…En 1810 surgió una nueva nación rompiendo jurídicamente con el pasado, desde que Aramburu proclamó su supraconstitucionalidad, cambiamos de nación".

Todo poder crea resistencias

° Se aplica la ley marcial

Habíamos dicho que para Schmitt la naturaleza de lo político se descubre cuando una contradicción religiosa, moral o económica, llega a convertirse en un conflicto de gran intensidad. En este momento, es preciso diferenciar entre amigo y enemigo[180]. La posibilidad "siempre presente" del combate y de la guerra es lo que hace a lo político irreductible a cualquier esfera de acción humana[181].
El 9 de junio de 1956 estalla una rebelión armada en diferentes regimientos del país con componentes civiles y militares peronistas. El levantamiento, realizado principalmente por suboficiales, es rápidamente sofocado y controlado por la falta de preparación. Se instaura en el país la ley marcial y se realizan cerca de mil arrestos. Es detenido el cabecilla del levantamiento, el general peronista Juan José Valle (único general en la historia argentina al que se le aplicó la ley marcial), y conducido junto a varios civiles y militares a la Penitenciaria Nacional donde fueron fusilados entre los días 11 y 12 de junio. Asimismo, la noche del 9 de junio se efectúa -en un basural de la localidad bonaerense de José León Suárez- una serie de fusilamientos de civiles supuestamente implicados en la sublevación. El presidente Aramburu afirmó: "no teman los temerosos, la libertad ha ganado la partida. Hemos dicho en toda oportunidad que la Revolución Libertadora sigue imperturbable su marcha".
Con el título "El Presidente señaló la responsabilidad de todos los argentinos en la hora presente", *La Prensa* en su edición del 9 de junio de 1956[182] afirma que "el país ha sido recientemente conmovido por algunos episodios donde el Gobierno de la Revolución procedió con el más adecuado modo de acción", en referencia a

---

[180] Schmitt, Carl, *El concepto…*, ob. cit., p. 38.

[181] Idem., p. 34.
[182] *La Prensa*, 9 de junio de 1956, p. 3.

levantamientos militares habidos en algunas guarniciones de la Provincia de Buenos Aires.
El "modo de acción adecuado" fue la promulgación de la ley marcial en todo el territorio nacional y la represión en tiempo de guerra. El art. 2 del Decreto-ley que declara la vigencia de la ley marcial afirma que "todo oficial de las fuerzas armadas en actividad y cumpliendo actos de servicio podrá ordenar juicio sumarísimo con atribuciones para aplicar o no pena de muerte por fusilamiento a todo perturbador de la tranquilidad pública". Y el art. 3 dice que: "...se considerará como perturbador a toda persona que porte armas, desobedezca órdenes policiales o demuestre actitudes sospechosas de cualquier naturaleza".
En el discurso pronunciado por Aramburu en la ciudad de Rosario, y transcripto por *La Prensa* el 10 de junio[183], se afirma: "Fueron inspiradores (de los levantamientos) oscuros personajes, los mismos que mueven los hilos de la difamación y el rumor, y se mofan de la libertad de muchos atentando contra ella. ¿Qué pretendían?", se pregunta Aramburu. "Pretendían tan sólo un estudiante muerto, un obrero muerto o un inocente muerto. Esto se consideraba suficiente para dominar a la opinión pública, dando patente de dictadura, a lo que es vehículo hacia la democracia".
Se revitaliza la lógica amigo-enemigo de la que habla Schmitt que, aunque silenciosa y subrepticiamente, siempre actúa en los procesos políticos. Al perturbador se le responderá con la represión que se aplica en los momentos de guerra.
Aramburu insiste en que "...la vida democrática exige no olvidar a los deberes que son no trabas a la libertad, sino el cauce recto por donde corren los derechos", pues "cuando los derechos salen del cauce por donde corren los deberes, sobreviene el desborde de las pasiones, el descontrol de los actos y la falta de respeto para con la propia persona y la colectividad".
Más que la palabra derecho, Aramburu repite una y otra vez la palabra deber. En efecto, primero se deberán cumplir con una serie de preceptos estipulados por la Revolución Libertadora (orden, paz, productividad, silencio ante los hechos, respeto a la autoridad y a las normas que de ella emanan), antes de que sean reconocidos los derechos.
Se agrega, que toda crítica debe ser "responsable", pues la irresponsabilidad será respondida con la ley. Sin embargo, no debe "descargarse toda la responsabilidad en el gobierno". Responsablemente aquellos que pueden actuar o decir desde la irresponsabilidad deben criticar al Gobierno pero sabiendo que éste no es totalmente responsable de sus actos, o de algunos de ellos. Pues "...no es posible esperar milagros de hombres normales que luchan asentados sobre terreno anormal. Este

[183] *La Prensa*, 10 de junio de 1956, p. 2.

terreno anormal es el que pretendemos normalizar, para que los gobiernos constitucionales que nos sucedan se dediquen a gobernar un pueblo feliz, en la senda democrática…".

Normal/anormal son categorías, como dijimos, que intentan justificar las relaciones sociales asimétricas. Además del caso particular de los levantamientos de junio, Aramburu se refiere también a las desigualdades, culpando por ello al "fantasma de la inflación", pues "la inflación convierte en pesadilla los sueños más coloridos". "…En este país no admitimos ni oprimidos ni opresores. El gobierno no es ni patronal ni obrerista…Este gobierno es neutral en cuanto a lo político, pero no insensible en cuanto a lo social".

"Cada argentino debe ser guardián de la responsabilidad que le compete. Cada argentino debe luchar por un futuro completo, admitiendo un presente anormal", continúa Aramburu. "Nunca los argentinos negaron su sangre o su vida cuando hubo de defenderse una causa justa…". La causa justa es la Revolución Libertadora ante los intentos opositores que obstaculizan su hacer, por ello, llegada la hora, el derramamiento de sangre en su defensa será honor de argentinos.

Y en su edición del 10 de junio del mismo año, *La Prensa*[184] afirma que "la Revolución seguirá imperturbable su obra de liberación", ya que "un pueblo responsable lleva en sí la garantía de su futuro…La libertad ha ganado la partida, sin embargo, existen todavía enemigos de la libertad".

Y agrega: "El fenómeno social del malestar por contagio, del rumor que se transmite aunque no se crea, de la mentira que se supone o se sabe mentira y se comenta, es la reacción natural que sucede cuando se abren los portones de la libertad. No hay quien no desee la normalidad.

Nuestra obra no tiende solamente a la normalidad presente sino a la futura, con gobiernos constitucionales nacidos de la pura y libre expresión democrática del pueblo", termina diciendo.

La Prensa continuó con el tema del levantamiento en su edición del 12 de junio[185] bajo el título "Unánimemente es condenado el fracasado intento subversivo", dando cuenta, además, de los detalles de los "planes terroristas".

Entre esos planes secretos figuraba el ataque a iglesias y a colegios religiosos, al Congreso Nacional, a emisoras radiales, a grandes fábricas, a los parques Saavedra y Lezama y al Automóvil Club Argentino, a lo que habrían de sumarse atentados a las casas de varios políticos: Palacios, Frondizi, Amadeo, Alende, entre otros. "En cuanto a la realización del plan, es evidente que ha sido preparado en conjunto con grupos civiles que tenían puntos de concentración especialmente en canchas de

[184] *La Prensa*, 10 de junio de 1956, p. 9

[185] *La Prensa*, 12 de junio de 1956, p. 8.

fútbol y lugares próximos a los objetivos. Los asaltos se realizarían mediante pequeños golpes de mano, como el que se realizó en Palermo...", manifestó Aramburu en una reunión de prensa.

Refiriéndose a esas palabras, el diario destaca que los generales Tanco y Valle habían pretendido sacar a sus hombres de los cuarteles pero éstos se habrían resistido a intervenir. Se agrega además que los "subversivos" contaban con mucho dinero que tenían por origen dos fuentes: interna y proveniente del exterior.

Se señala como cabecilla al general Valle, quien además, se afirma, tenía un proceso por defraudación.

Bajo el subtítulo "Estamos defendiendo la libertad de América", Aramburu destacó que el movimiento de junio tenía ramificaciones en América".

Es la primera vez que se utilizan los adjetivos subversivo y terrorista, hablándose en la edición del 13 de junio de "complot".

Palabra Argentina en su edición N° 17 del 2 de abril de 1957[186] se pregunta "¿Ley marcial o libertad de crimen?", porque bajo la excusa de reprimir los levantamientos de junio se asesinó a un grupo de personas en el Partido de San Martín.

Ya en su N° 13 del 19 de marzo de 1957[187], bajo el título "Fracasará el plan antiobrero", *Palabra Argentina* afirmaba: "Seducidos por un crudo liberalismo individualista, que en la añoranza puede parecer romántico pero la realidad es trágica, no conciben una economía en función social, y creen que un país es rico, no cuando la mayoría de sus habitantes lo son, sino cuando las arcas del Estado están llenas. Por eso les admira tanto 'el oro que en otras épocas había en el Banco Central' sin importarles la miseria del pueblo en esa misma época ni la inquietud de que ese oro no sirviera para hacerlo feliz".

Pero esta política, insiste, no está a la altura de los tiempos contemporáneos ni de la evolución histórica de la República. Obviamente, tarde o temprano provocará una acción persistente de la clase trabajadora que se traducirá en huelgas, sabotajes, etc.

Estas acciones, que buscarán defender los derechos y el nivel de vida ya conquistados, comienzan a darse precisamente en 1957, a través de huelgas en diferentes puntos del país y en diferentes ramas de la producción. El poder despierta resistencia.

Por su parte, *Palabra Argentina* en el N° 17[188], enumera las contradicciones fundamentales en las que ha incurrido el gobierno provisional, y responde con un "Falso" a las palabras pronunciadas por Aramburu: "nos ampara la verdad y la decencia". Al gobierno sólo lo amparan las armas en el ejercicio de una fuerza resuelta a imponer decisiones contra el pueblo, afirma el periódico. Y sigue: "No

[186] *Palabra Argentina*, N° 17, 2 de abril de 1957, p. 2.

[187] *Palabra Argentina*, N°13, 19 de marzo de 1957, p. 2.

[188] *Palabra Argentina*, N° 17, 2 de abril de 1957, p. 1.

puede ser 'verdad' ni 'decencia' el desconocimiento del derecho y la justicia. No puede ser 'verdad' ni 'decencia' la entrega económica en aras de una prosperidad colonialista. No puede ser 'verdad' ni 'decencia' el silenciamiento de la ciudadanía en la proscripción de las ideas. El clamor de los presos y la sangre de los fusilados son irrecusable testimonio de la 'verdad' y la 'decencia' que proclama el presidente".
Aramburu habla de ambición desmedida, falta de escrúpulos, vicios y desequilibrado despecho para justificar el fusilamiento. No hay coincidencia entre hechos y palabras. En efecto, "no se puede relacionar la democracia que predica el gobierno con la persecución, la justicia con el capricho, la austeridad con la dilapidación, el patriotismo con la entrega". Se quiere imponer por la fuerza "esa democracia que el gobierno viene predicando. El presidente pide sacrificios, austeridad y privaciones. En realidad el que debe sacrificarse es "el capitalismo empresario en su doble faz de explotación imperialista y de la servidumbre oligárquica...". Debe reemplazar "los consejos de la antipatria revelados por vía de los Prebisch, los Verrier, los Krieger. Debe volver los ojos a la riqueza del país y "liberarla de los pactos ignominiosos del Fondo Monetario, de los Acuerdos de París y de las garras plutocráticas...Sólo el gobierno es culpable de la quiebra económica de hoy". De un país con un superávit de varios millones de dólares se pasó a un déficit de 200 millones.
Olmos da una lista de incoherencias sostenidas por el gobierno provisional:

- Proclamó el imperio del derecho y encarceló a ciudadanos.
- Proclamó que no había ni vencedores ni vencidos y proscribió a los vencidos.
- Proclamó el respeto de las conquistas sociales y avasalló los sindicatos.
- Prometió la devolución de las organizaciones del trabajo a sus legítimos dirigentes e intervino la CGT.
- Prohibió la pena de muerte y la aplicó.

° Los caminos de la resistencia

A los levantamientos militares debe agregarse el inicio de la "resistencia peronista" que comienza como un movimiento inorgánico, que lleva a cabo sus acciones en los mismos lugares de trabajo. Estas acciones consisten en pequeñas maniobras individuales de sabotaje, como averiar una máquina, o formas de protesta colectiva, como detener el trabajo por un par de minutos y ponerse a silbar la marcha peronista. Otras veces, a través de huelgas de más largo alcance[189].

[189] La carta de César Marcos (El Kadri, Envar, "Prólogo", en Baschetti, Roberto, *Documentos de la Resistencia Peronista.1955-1970*, La Plata, Ediciones de la Campana, 1997, pp. 18 y siguientes), uno de los primeros "resistentes", expresa:

"En 1955 fue la caída. Entonces el cielo entero se nos vino encima. El mundo que conocíamos, el mundo cotidiano, cambió por completo... De repente entramos en un mundo de pesadilla en que el peronismo no existía. Todo fue anormal. Como fue anormal, absurda, alucinada, la odisea de la resistencia. Éramos pigmeos que debíamos luchar contra gigantes ... Claro que no éramos Lugones ni Borges, pero creamos un logotipo tan fascinante y poderoso como el perfil del pez de los primitivos cristianos. Así fue el 'Perón vuelve'.

"La dictadura de la 'libertadora' se había propuesto barrernos totalmente de la historia y de la geografía. Nosotros enfatizamos la propaganda callejera mural y escrita. Luchamos contra el decreto 4161, una disposición tan insensata como la mentalidad de quienes lo impusieron. Una disposición tan monstruosa y aberrante que sólo hubiera podido ocurrírsele a un Stalin o a un emperador de la tercera dinastía Han.

"...La dictadura, naturalmente, tenía todos los medios masivos de opinión. Estaba empeñada en desmantelar al país de todas sus defensas y reservas y en derogar el artículo 40 de la Constitución justicialista de 1949.

"Además y no era el menor de sus empeños, la 'libertadora' se había encaprichado en 'desterrar el mal gusto impuesto por los peronistas' y sustituirlo por la cultura de las señoras gordas.

"Pero la tiza y el carbón vencieron una vez más. Y esta obra fue realizada por el pueblo anónimo que, como Martín Fierro, figura en todas las listas pero en las de pago no. Ya se sabe que en la hora del triunfo y la victoria, primero los ventajeros. Desde el '55 hasta el '58 luchó el pueblo, sólo el pueblo. Después hubo otras aperturas que permitieron que otro tipo de gente subiera a la superficie.

"¿Cómo fue descabezado el Movimiento en el '55? Desde un punto de vista estrictamente formal, la mecánica fue muy simple; la 'libertadora' detuvo y encerró a todos los que pudo, de los entonces llamados dirigentes. El resto, lisa y llanamente desaparece de circulación,

negándose a toda actividad. Salvo muy escasas y muy honorables excepciones, las figuras de primera y aún de segunda línea no se ven en la resistencia. Nadie, ni sindicalistas, ni políticos, ni militares. Los que no están presos están exilados y el resto, la mayoría, no quieren lola.

"... El patriotismo siempre está en el pueblo. La montonera gaucha resiste y derrota catorce invasiones godas mientras la oligarquía salteña negocia en nombre de su autoridad. Es la misma oligarquía que asesina a Güemes y que después se llena la boca con su nombre y le levanta una estatua.

"... No hay como la propia experiencia que se vive en la lucha para comprender la historia. La práctica concreta vale más que una biblioteca o, por lo menos, la complementa exhaustivamente. No hay distingos entre la masacre de Villamayor y la masacre de José León Suárez. En Villamayor, 130 gauchos mal montados y mal armados siguen al coronel don Jerónimo Costa, el héroe de Martín García. Es una pequeña montonera rosista recién desembarcada. Mitre, ministro de Guerra, con todos los medios y recursos en sus manos, disponiendo de una enorme superioridad en hombres y potencia de fuego, los busca, los aplasta y los degüella implacablemente.

"La historia siempre es eso: una eterna lucha entre la opresión y la liberación. Ni siquiera cambia el lenguaje.

"... En esa época nos costó comprender que ya no corrían ni las aventuras militares, ni las chirinadas, ni los golpes de Estado, sino la rebelión de todo un pueblo. Tuvimos que entender que una insurrección auténtica no nace en los cuarteles sino en el seno del pueblo. Las revoluciones legítimas no se improvisan ni surgen sin un proceso de maduración y de preparación...Ya entonces recorríamos las zonas del Gran Buenos Aires, donde los peronistas comenzaban a estar como el pez en el agua. Allí siempre había una cocina amiga donde tomar unos mates y un sitio seguro donde poder aguantarse si era necesario ... Allí se realizaban las reuniones con los compañeros barriales, se distribuía la propaganda, se establecían enlaces, se programaban las pintadas, se planeaba la acción ... ¿Cómo hacíamos para encontrarnos, reconocernos, hablarnos? En aquel tiempo todos éramos otros y nadie decía nada. Éramos como ostras cerradas hasta que un algo leve, un mutismo expresivo, una manera especial del silencio o un no sé qué difícil de explicar, como si fuera un código esotérico para iniciados únicamente, nos hacía reconocer como compañeros.

El concepto de "resistencia" está imbricado en el de "poder". La resistencia no tiene un autor intelectual, un comando táctico y estratégico que pueda determinar de antemano el desarrollo de la misma.
Al respecto, afirma Foucault: "Donde hay poder hay resistencia, y no obstante...ésta nunca está en posición de exterioridad respecto del poder. ¿Hay que decir que se está necesariamente 'en' el poder, que no es posible escapar de él...?¿O que siendo

---

"... A veces nos llegaba una información. En Villa Crespo o en Mataderos, en algún lado, existía un compañero o un grupo que quería 'trabajar' o estaba 'trabajando'. Ir, encontrarnos, conversar, entendernos. Así se iban formando los llamados Comandos de la Resistencia, tan frágiles de medios y de recursos pero tan fuertes en la voluntad y en la decisión.
"Comenzaron a surgir algunos signos de reconocimiento a través de expresiones pintorescas, por ejemplo, los emblemas de nomeolvides en la solapa del saco, cuando todavía se llevaba saco. El silbido de 'fumando espero', un viejo tango que hicimos resurgir. Así, a veces, reconocíamos a un cumpa, un hermano, un peronista.
"Otro sistema consistía en 'pescar' frente a las pizarras de los diarios, que siempre estaban llenas de gente comentando las noticias. Era cuestión de estarse allí y esperar el momento de largarse con una reflexión o un comentario.
"... Recuerdo a una compañera desconocida que, en plena calle Florida, frente a *La Nación*, exasperaba a los contreras que la increpaban, con su silencio rebelde y medido. Hasta el momento oportuno, en que, hábilmente, se soltaba con alguna expresión aparentemente tangencial pero tan contundente que dejaba sin respuesta a sus interlocutores. Y era una simple mujer de pueblo, una compañera peronista, para la cual el 4161 era joda.
"Recuérdese que ninguno de nosotros tenía experiencia conspirativa. Jamás habíamos trabajado en la clandestinidad. Tampoco teníamos una auténtica tradición de lucha. Las masas obreras de nuestro movimiento tenían su origen en la emigración interna de los trabajadores del campo, que se habían desplazado a la ciudad y se habían transformado en obreros industriales. Eran los 'cabecitas negras' que habían nacionalizado, acriollado al movimiento obrero, pero carecían, naturalmente, de una tradición de lucha en centros urbanos fabriles. La límpida trayectoria montonera de sus antepasados había sido borrada después de 100 años de régimen cotidiano cipayo y entreguista.
"La caída del '55, realizada violentamente desde arriba, arrasando con todo, fue nuestra gran prueba: fue como un Juicio de Dios. Fue entonces cuando tuvimos que aprender muchas cosas. Saber quiénes éramos y dónde y cómo encontrarnos. No buscamos en absoluto alianza con nadie. Sabíamos que seguíamos siendo la mayoría del pueblo, aunque en ese momento éramos muy pocos, férreamente compartimentados en ínfimos grupúsculos.
"... Éramos sectarios y dogmáticos. Fue la mejor manera de defendernos y pervivir. Cada grupo o conjunto creyó ser el primero, el único, el inventor exclusivo de las consignas que se lanzaban a la calle.
La verdad es que nadie inventa una terminología. Surge un poco en todos. La primera divisa, el primer lema –y recuerdo que pensando en las pintadas me resultó largo- la vuelta incondicional e inmediata de Perón. Larga o no, prendió en todos. La repetimos, la reiteramos, la afirmamos. Salió como pie en todos los volantes, en todos los panfletos, en todas las paredes. Se difundió en el país.
"... A la Primera Resistencia, la que va del 55 al 58, no me corresponde juzgarla. Le reivindico un mérito que nadie podrá discutirlo. Nosotros, los peronistas de la primera resistencia, evitamos la repetición de Caseros. Sin permitir que se apagara, mantuvimos encendida la llama de Perón. Y esa llama fue la que, al final, floreció en la gran hoguera del 25 de mayo de 1973".

la historia la astucia de la razón, el poder sería la astucia de la historia del que siempre gana? Eso sería desconocer el carácter estrictamente relacional de las relaciones de poder. No puede existir más que en función de una multiplicidad de puntos de resistencia: éstos desempeñan en las relaciones de poder el papel de adversario, de blanco de apoyo, de saliente, para una aprehensión. Los puntos de resistencia están en todas partes dentro de la red de poder. Respecto de la red de poder no existe, pues, un lugar del Gran Rechazo-alma de la revuelta, foco de todas las rebeliones, ley pura del revolucionario. Pero hay varias resistencias que constituyen excepciones, casos especiales: posibles, necesarias, improbables, espontáneas, salvajes, solitarias, concentradas, rastreras, violentas, irreconciliables, rápidas para la transacción, interesadas o sacrificiales...".[190]

El efecto de una resistencia (o que tiene como efecto una resistencia) es una consecuencia que no estaba pre-dada en el origen, sino que surge de la contingencia, del azar de los enfrentamientos. No hay una visión teleológica o conspirativa de la historia.

El poder, entonces, tal como se plantea a partir de Foucault, ya no puede ser pensado sólo represiva o coactivamente –como lo hemos visto en los clásicos citados en este trabajo- sino de modo también activo y constructivo, en el sentido de que insinúa, tienta, alienta, a través de ideales, convicciones, deseos. Tampoco es propiedad de algunos, sino que atraviesa todo el cuerpo social, aunque con grados diferentes de concentración. Pero cualquiera es portador de poder en sus intereses, deseos, actitudes, curiosidades.

Siguiendo también a Foucault, luego de septiembre de 1955, y sobre todo a partir de los levantamientos de junio de 1956, la mirada del poder se modifica, se hace cada vez más globalizante o totalizante al mismo tiempo que individualizante: miles de ojos vigilan desde dentro (a través del miedo, por ejemplo) como desde fuera del individuo, asegurando que la vigilancia sea totalizante y a la vez individualizante, a través del poder de policía, una de las técnicas de poder más eficaces, por la cual el vigilante se instala en la conciencia y no necesita actuar físicamente[191].

Con el título "Los trabajadores siguen enfrentando a la ocupación armada de la CGT", *Palabra Argentina* N° 20[192] enumera los hechos llevados a cabo por el gobierno contra el movimiento obrero, a través de las intervenciones a los sindicatos y a la CGT nacional. "Detenciones en masa, amenazas, allanamientos,

[190] Foucault, M., *Historia de la...*, ob. cit., p. 117.

[191] Esto no es nuevo, ya que tiene antecedentes en la Argentina –piénsese en el golpe a Yrigoyen en 1930 y sus consecuencias sobre la sociedad civil. Incluso bajo el gobierno peronista puede advertirse este poder de policía, con la existencia de listas negras, jefes de manzana y afiliación obligatoria al Partido Peronista para ser empleado de la administración pública.

[192] *Palabra Argentina,* N° 20, 23 de abril de 1957, p. 4.

subestimación del derecho obrero, ocupación y saqueo de sindicatos, inhabilitación indiscriminada de dirigentes, negación del derecho de defensa de los intereses profesionales, movilización y enjuiciamiento militar de trabajadores, empobrecimiento planificado 'científicamente' de la masa obrera argentina, confinamiento y deportaciones de obreros, aniquilamiento de sus conquistas gremiales, ametrallamientos frente a las fábricas, ocupación militar de la Central Obrera, derrumbe económico de los sindicatos en manos de dirigentes digitados, etc., son actos que en conjunto definen la política 'obrerista' del gobierno provisional". Sin embargo y a pesar de la contundencia de la política gubernamental, los sindicatos de todo el país han respondido resistiendo las intervenciones a las CGT locales, en San Luis, Mendoza, Paraná, etc.

Y en referencia a los festejos del 1° de mayo de 1957, el N° 22 de *Palabra Argentina*[193] hace un breve recorrido por el panorama gremial para mostrar la agudización de los problemas obreros: huelga de los obreros de Establecimientos Químicos y Afines, obreros azucareros de Tucumán, en los ingenios de Santa Lucía, Concepción y Mercedes, obreros municipales de la Capital Federal, empleados del gremio bancario, gremio del vestido, conflicto del Frigorífico Wilson, gremio textil de Rosario, obreros ferroviarios de Tucumán, Salta y Santiago del Estero, etc.

En *Palabra Argentina* N° 19[194] hay una larga referencia de Olmos a la huelga llevada a cabo por los municipales, que tuvo como consecuencia la movilización militar, por ello afirma: "...por haber conquistado el país a caballo, creen que pueden gobernarlo desde el caballo". Al margen de las razones económicas que motivaron la huelga de los obreros municipales, "debe verse en ella, como causa principal, la de haber 'entregado' las organizaciones gremiales a individuos repudiados por la masa obrera: irresponsables sin gravitación sindical...".

Por otro lado, con fecha 23 de abril de 1957, *Palabra Argentina* N° 20[195], da cuenta del conflicto suscitado en Luz y Fuerza, ante el cual el interventor de la CGT, capitán de navío Patrón Laplacette, se opone a la realización de una reunión con dirigentes del sindicato, por no estar aún "estructurada la dirección superior del movimiento obrero".

Estos paros, y otros que se suceden en el país, van a adoptar distintas características: trabajo a reglamento, a desgano, suspensión de algunas actividades dentro de la fábrica, etc. Pero ya para el 12 de julio de 1957 se llama a un paro general de actividades, dejando en claro, según testimonia *Palabra Argentina* en el N° 31[196], que será una jornada de protesta y lucha en el orden nacional. "La Intersindical de

---

[193] *Palabra Argentina,* N° 22, 7 de mayo de 1957, p. 4.

[194] *Palabra Argentina*, N° 19,19 de abril de 1957, p. 4.

[195] *Palabra Argentina,* N° 20, 23 de abril de 1957, p. 4.

[196] *Palabra Argentina*, N° 31, 9 de julio de 1957, p. 1.

Capital Federal y Gran Buenos Aires, así como las intersindicales provinciales y las 7 delegaciones regionales de la CGT, recuperada, han decidido, considerando que tanto el gobierno como la intervención de la CGT, haciéndose eco de los intereses reaccionarios, han hecho oídos sordos a las necesidades y problemas obreros, prolongando una situación insostenible y, al ver cerradas todas las posibilidades de negociación, expresar su repudio con un paro de protesta de 24 horas que efectuarán todas las organizaciones obreras del país el día 12 de julio a partir de la 0 hora".
Para Roberto Baschetti, compilador de documentos de la Resistencia[197], habría una resistencia pasiva y otra activa: "En la primera deben contabilizarse acciones tales como: quite de colaboración de los trabajadores, retiro de las cuentas de ahorro, lanzar y hacer circular rumores relacionados con asonadas militares, movimientos huelguísticos, negociados, enviar cartas y/o hablar por teléfono términos injuriosos con militares, funcionarios, curas, policías y bomberos denunciando falsos siniestros, etc. La segunda contemplaba: destrucción de medios de gas y luz; incendio de buzones con correspondencia; derroche de agua corriente; sustracción de elementos de empresas y reparticiones, conductores de explosivos en lugares estratégicos como usinas, conductores de energía, cajas de conexiones de luz, vías férreas, gasoductos, puentes, etc.; incendios de fábricas, campos, etc.; interrupción de comunicaciones por corte de cables y postes, entorpecimiento de los servicios de transporte en base a atentados con bombas 'molotov', inutilización de combustibles y lubricantes, desperfectos mecánicos, destrucción de señales, etc.
Por su parte, los diarios alternativos, de protesta y con mayor dosis combativa aportarán lo suyo".[198]
"El peronismo, a partir de la persecución que hubo y estando totalmente proscripto, adquirió una organización de carácter celular muy interesante y, por lo general, había una rica vida cultural interna en cada célula", narra en la entrevista Alberto González Arzac. En esa nota también se refiere a la invitación a concurrir a ateneos que se hacía desde las páginas de *Palabra Argentina*. Estos ateneos se llevaban a cabo en locales sindicales, en piezas de bares, donde solía "caer la policía"[199].

[197] Véase Baschetti, Roberto, *Documentos de la...*, ob. cit.

[198] Entre los de la primera etapa Baschetti cita: *Tres Banderas, El 45, Lucha Obrera, El Federalista, El Federal, Combate, El Soberano, La Argentina, De Frente, Surestada, Rebeldía, Pero...,Mayoría, Palabra Argentina, Palabra Prohibida, Resistencia Popular, Soberanía, El líder, El Guerrillero, El hombre.*

[199] Para Héctor Walter Seigneur, brigadier retirado y miembro de la Resistencia Peronista "...la Resistencia fue la respuesta a una arbitrariedad, a una dictadura...empieza cuando sacan el 4161". Y ante nuestra pregunta acerca de cómo se organizaba esa Resistencia, responde: "No sé si se puede hablar de organización o espontaneismo...La voz, la mirada, como decía Atahualpa...Se encontraron hombres y mujeres que jamás hubieran imaginado ir a una manifestación, salvo las conmemorativas...La Resistencia se fue configurando en Buenos Aires, en Córdoba, en Rosario, Tucumán, en Mar del Plata. Era resistencia a la prepotencia".

° Votar en blanco

La Prensa en su edición del 21 de junio de 1956[200] menciona los encuentros mantenidos por Aramburu con todos los partidos políticos para la elaboración conjunta de un "plan político", subrayándose que sólo han sido consultados los democráticos. Obviamente, el Peronista y el Comunista han quedado excluidos de esas consultas por pesar sobre ellos la proscripción.
Los temas de las conversaciones figuraron en un cuestionario entregado de antemano. En él, se formularon las siguientes preguntas: "1) ¿Debe reformarse la Constitución del 53?; 2) En caso afirmativo, ¿en qué puntos?; 3) ¿Cuándo debe reunirse la Convención reformadora?; 4) ¿Cuál sistema es el más conveniente para la elección de convencionales: el de lista completa o el de representación proporcional?; 5) ¿Y para electores de presidente, vicepresidente y diputados nacionales?".
La presencia en las reuniones de ministros militares, no implicó –se insiste- someter a una interrogación a los hombres políticos, sino tan sólo estar al tanto de las opiniones y sugerencias de éstos.
Hubo coincidencias en la opinión de introducir reformas en la Constitución, las cuales deben realizarse antes del llamado a elecciones. La disidencia fue sostenida por los dirigentes Frondizi y Balbín del Radicalismo, para quienes la convención reformadora debe ser convocada por un gobierno constitucional, vale decir, posterior al llamado a elecciones y a la asunción del gobierno por parte del que resulte electo.
Además coincidieron en la necesidad de pacificar definitivamente al país antes del llamado a elecciones.
A través de comunicados, de lo que *Palabra Argentina* da cuenta en su N° 31[201], la CGT Única e Intransigente llama a votar en blanco en las elecciones del 28 de julio para reunir una Asamblea Constituyente.
Luego de reivindicar la Constitución de 1949, el comunicado del 9 de julio afirma que "llegan a nuestros compañeros, en vísperas electorales, por parte de varios sectores de opinión que tienen el visto bueno para hablar, y a través de la red periodística-radial de los libertadores, la voz de los partidos 'legales' y la del Gobierno que ensayando cantos de libertad y erigiéndose en perdona vidas tratan de obtener el apoyo de los trabajadores, tras la promesa de defenderlos, de permitirles una Central, libertad en los sindicatos, y apoyarlos en la conquista de una mejor

[200] *La Prensa*, 21 de junio de 1956, p. 5.
[201] *Palabra Argentina*, N° 31, 9 de julio de 1957, p. 1.

legislación…El arrepentimiento o la rectificación de normas de conducta es tarde, sospechosa e interesada, y proviene de quienes combatieron en todos los tiempos a los trabajadores, a los que ignoraron o utilizaron su fuerza o apoyo en beneficio propio, para luego pactar a sus espaldas con los que entregaron nuestro patrimonio, nuestra independencia y nuestra libertad".

En ese mismo número, *Palabra Argentina* también llama a votar en blanco, sugiriendo no escribir leyendas en las boletas para que el voto no sea anulado. Voto en blanco es sinónimo de voto por el pueblo, esta es una de las consignas del periódico. Otras son: "El arma del pueblo es el voto en blanco", "Votar por el país es votar en blanco"[202], "El pueblo sin partido debe votar en blanco"[203] , "Libres o colonia. ¡Vote en blanco!"[204].

Habíamos dicho precedentemente que los hechos que tienen por efecto una resistencia se dan con la marcha del proceso histórico. Por ello, los efectos no estaban pre-dados en el origen, sino que surgen del azar, de lo contingente e indeterminado de los enfrentamientos. Asimismo, las formas de resistencia adoptan diferentes rostros, de acuerdo a las circunstancias. Es esta la razón que nos ha conducido a incluir bajo el ítem de "todo poder crea resistencias", la problemática del voto en blanco ante la posibilidad de una reforma constitucional, cuando tal reforma recaería en la Constitución de 1949, con la posible anulación de todos aquellos nuevos derechos incluidos bajo el peronismo, y en la reelección presidencial.

Además, en este caso el voto en blanco es un arma de resistencia con la que el pueblo cuenta. No hay un comando central que organice y propagandice el "voto en blanco". Se van sumando a ello personalidades como el doctor Leloir[205], instituciones como la CGT Única e Intransigente desde la clandestinidad, Ricardo San Millán, secretario general encarcelado del Partido Peronista, periódicos como *Palabra Argentina*, mujeres que se suman a través de cartas enviadas a ese medio, etc.

En su N° 13 *Palabra Argentina*[206] se refiere al llamado a esta Asamblea. Con el título "No queremos elecciones" afirma que "cumpliendo un mandato que el pueblo no ha dado, se ha resuelto llamar a una Asamblea Constituyente y a elecciones generales, sobre la base única de los partidos existentes y que agrupan un sector minoritario de argentinos".

---

[202] *Palabra Argentina*, N° 32, 16 de julio de 1957, p. 1.

[203] *Palabra Argentina*, N° 33, 23 de julio de 1957, p. 2.

[204] Idem., p. 3.

[205] *Palabra Argentina*, N° 32,16 de julio de 1957, p. 1.

[206] *Palabra Argentina*, N° 13, 19 de marzo de 1957, p. 4.

En la *Correspondencia Perón Cooke* se hace mención explícita a esta campaña a favor del voto en blanco que lleva a cabo *Palabra Argentina*, pero con algunas reservas. "*Palabra Argentina*, que se calcula que lo leen un millón de personas, ha estado haciendo campaña por el voto en blanco. Siendo la única publicación que tiene tono verdaderamente peronista, su prédica ha prendido mucho. Como no le es posible publicar el documento suyo ordenando la abstención, ahora no puede aparecer propugnándola y desmintiendo lo que ha sostenido desde hace meses".[207]
Cooke también se refiere a las "polémicas epistolares" que tuvo con Olmos y con el padre Benítez respecto del voto en blanco. Afirma: "Ellos insistían en el voto en blanco, y yo en que debía difundirse la directiva de Perón tal cual estaba redactada. Obcecados por la visión de Capital y Gran Buenos Aires, no comprendían que en el interior habría abstención masiva, y que proclamar el voto en blanco como única actitud nos impediría, después del comicio, reivindicar como nuestros esos ciudadanos que no concurrieran al comicio. Sostenían que había que unificar la directiva, sin darse cuenta que el asunto había que contemplarlo en escala nacional y que, además, había una orden expresa...Olmos, en el Número Extra de *Palabra Argentina*, publicó mi carta-aclaración, pero con un título en que yo aparezco propugnando lisa y llanamente el voto en blanco, aunque después en el texto aparece mi pensamiento claramente expresado".[208]
Por su parte, los grupos políticos debaten el régimen que deberá aplicarse (lista incompleta, representación proporcional).
"Estamos contra las elecciones, afirma *Palabra Argentina*[209], porque ellas serán dadas solamente para un sector y no para el pueblo todo. Queremos que el país se salve de una nueva vergüenza: la de un gobierno ungido por la minoría para mandar sobre una mayoría que no tiene otro camino que la abstención o el sufragio en blanco".
Al discurso presidencial en el que Aramburu alude a la posibilidad del voto en blanco, manifestando que "solo el temor al pueblo" lleva a algunos a propiciar el voto en blanco[210], Olmos responde rechazando el agravio, a la vez que denuncia la culpabilidad de la dictadura en este proceso histórico, cuando una "revolución" dio sus espaldas a la ciudadanía y a los intereses nacionales.
Contra la opinión de los partidos oficialistas y opositores, y las presiones recibidas para abandonar la posición intransigente frente a la posibilidad de una reforma constitucional, *Palabra Argentina* sigue sosteniendo la postura, no cediendo ante el

[207] *Correspondencia Perón Cooke*, t. I, Buenos Aires, Editorial Parlamento, 1985, p. 193.
[208] Idem., p. 216.
[209] *Palabra Argentina*, N° 13, 19 de marzo de 1957, p. 4.
[210] *Palabra Argentina*, N° 23,14 de mayo de 1957, p. 1.

espejismo de "conocidas tentaciones" y no pactando a espaldas de una masa ciudadana proscripta por obra de la "mezquindad revanchista y del odio de clase"[211].

Por su parte, el ala frondicista del Radicalismo, los nacionalistas católicos de la Unión Federal y de Azul y Blanco concurrirán a la constituyente para sostener las reformas introducidas en el 49', y han sugerido que el electorado peronista se vuelque hacia alguna de estas agrupaciones, apartándose del voto en blanco. Ante esto, *Palabra Argentina* afirma que "los votos 'prohibidos' no son botín de conquista"[212].

Es necesario que la ciudadanía se vuelque masivamente en las urnas votando en blanco, para impedir que la dictadura triunfe en esta "primera lid electoral". Ante el triunfo de la oposición peronista, sólo le quedarán dos caminos a la dictadura: irse o "declarar la tiranía por decreto". Si sucediera esto último, "una terrible resistencia haría imposible la perpetuación del despotismo".

No obstante, ya existe tal tiranía y tal resistencia, pues, como este mismo número de *Palabra Argentina*[213] se encarga de denunciarlo, por decreto y por la fuerza se han llevado a cabo una serie de medidas, tales como:

-apoderarse de las radios y de los diarios,
-clausurar los órganos periodísticos hostiles,
-llenar las cárceles con los disconformes,
-poblar los países limítrofes con perseguidos políticos,
-calificar de "delincuentes comunes" a los opositores,
-dictar el decreto 4161, por el cual los "adversarios peronistas deben tragarse todas las críticas, todas las injurias, todas las difamaciones, sin poder abrir la boca en el ejercicio de un elemental derecho a la defensa".

Incluso el propio Olmos fue encarcelado por "desacato a Aramburu"[214].

El voto en blanco no es una especulación, sino la única arma que el pueblo tiene para manifestar su repudio a los planes oficialistas. Al mismo tiempo, se afirma que

---

[211] En la entrevista realizada por el grupo de investigación, Alberto González Arzac se refiere al éxito obtenido por la "marcha del silencio" organizada desde las páginas de *Palabra Argentina*. "...La convocatoria a la marcha del silencio fue premonitoria. Anunció que el gobierno militar iba a perder las elecciones de constituyentes que ganó el voto en blanco, porque se hizo pocos días antes. La marcha fue un éxito". Allí también se refiere a la influencia que tenía el periódico de Olmos, ya que "...pudo organizar una marcha e indica cómo se va a hacer ('El próximo sábado a las 16.30 hs. se dará cita el dolor argentino'). Y la gente fue porque esto no solamente se compraba mucho, sino que también corría de mano en mano".

[212] *Palabra Argentina*, N° 23,14 de mayo de 1957, p. 2.

[213] Idem., p. 1.

[214] *Palabra Argentina*, N° 22, 7 de mayo de 1957, p. 1.

el gobierno aún está a tiempo de volver “sus ojos al pueblo” y auscultar sus necesidades.
En este mismo número del periódico, se invita a los lectores a completar un cupón, donde expresarán sus preferencias por una u otra Constitución.
El “arma del pueblo es el voto en blanco”[215] se afirma frente a aquellos que siguen hablando de especulaciones cuando, en realidad, “nuestra actitud es eminentemente idealista, genuinamente cívica”, afirma Olmos. Para qué, se pregunta, un gobierno que no respeta el Poder Judicial y la Constitución; que disolvió dos partidos políticos; que estableció un decreto tiránico que prohíbe ideas; que persiguió, encarceló y fusiló adversarios; que utilizó las Fuerzas Armadas contra el pueblo en huelga; que pretendió destrozar el movimiento obrero mediante la ocupación militar de los sindicatos, busca ahora un voto positivo de confianza. En realidad, se trata de un gobierno acorralado y desesperado por sus fracasos que busca una salida pacífica.
¿En qué condiciones se convoca a elecciones? Con un partido político que durante 12 años fue mayoritario, disuelto y prohibido; con un decreto que impide defenderlo; con todos los grandes diarios y radios bajo poder gubernamental hasta después de las elecciones y con el estado de sitio en pleno vigor.
Después de la elección apareció en *Palabra Argentina* un telegrama de Cooke en el que se desconoce a la Constituyente. A ello se refiere el propio Cooke en la *Correspondencia* con Perón[216].
Ya en la edición del 12 de diciembre de 1955, *Palabra Argentina*[217] había insistido que para qué un nuevo cuerpo legal cuando no se encontró en el articulado de la Constitución de 1949 nada atentatorio a los principios que la Libertadora dice defender. “Los políticos nos han tenido acostumbrados, desde la Revolución de Junio de 1943 hasta septiembre de este año, a la repetición del conocido sonsonete de la Constitución del 53. Al respecto, es útil recordar aquella famosa marcha de la ‘Constitución y la libertad’, en la cual al lado de la Argentina se desplegó la bandera ‘libertaria’ de los Estados Unidos, como así también de aquel celebre ‘Club del 53’ y otros movimientos y entidades por el estilo…”.
“Respecto a la reforma constitucional del 49 –cuya fidelidad y acatamiento por todos los ciudadanos, incluso por los que hoy ejercen el Supremo Gobierno-, constituyó, en realidad, una actualización de la Carta de 1853”. Esta Constitución tuvo en cuenta los cambios económico-sociales habidos en el país en los últimos años, sin restringir ninguno de los derechos consagrados en la Constitución original. Por el contrario, esos derechos fueron ampliados (Derechos del Trabajador, de la

[215] *Palabra Argentina*, N° 24, 21 de mayo de 1957, p. 1.
[216] *Correspondencia…*, t. I, ob. cit., p. 229.
[217] *Palabra Argentina*, N° 3, 12 de diciembre de 1955, p. 2.

Familia, de la Ancianidad, de la Educación y la Cultura). En el orden económico, se estableció la función social de la propiedad y el capital, reservando para el Estado el monopolio de los servicios públicos y la propiedad inalterable de la Nación respecto a las riquezas minerales del país. Por su parte, en el orden político se destacan reformas respecto de la elegibilidad del presidente y la elección directa. Por lo tanto, "resulta alarmante que se proyecte su derogación o su modificación".

Y sigue "uno solo de los puntos de la reforma de 1949 debería ser –tal vez- el eje de todas las preocupaciones de estos 'demócratas a la violeta', la reelegibilidad del Presidente. Y ello, por supuesto, porque la Reforma de 1949 fue convocada durante el gobierno de Perón".

Si la supresión de la reelección presidencial es el punto neurálgico del problema, ¿qué puede decirse de un Gobierno que carece de toda facultad legal? En realidad, lo importante es otro aspecto: el referido a las conquistas económicas y sociales que se busca suprimir. Eso es lo que se esconde detrás de la necesidad de reformar o derogar la Constitución.

Se dice que existe una "Ley fundamental vigente en el país. Es la Constitución de 1853 con sus reformas de 1860, 1866 y 1898...La Constitución de 1949 carece de valor, es nula de pleno derecho".

¿Cuáles son los vicios de nulidad, se pregunta *Palabra Argentina*? No se da cuenta de ellos. Parecería que el objetivo que se busca en silencio, es la supresión de las conquistas sociales y económicas.

Ya en 1956 el retroceso económico y social está a la vista.

° El fraude de *La Prensa*

En su edición del 31 de julio de 1957, *La Prensa*[218] computa el total de votantes en todo el país en 7.982.931. Sin embargo, al día siguiente, este diario inserta un cuadro en el cual los votos obtenidos por los partidos en todo el país suman ahora 8.620.207 electores, sin contar los votos anulados y la "poda" de los votos en blanco. Ambas informaciones muestran una contradicción flagrante, denunciada por *Palabra Argentina* N° 37[219], pues sobre un total de casi 8 millones de electores aparece ahora un excedente de 700.000 votos. Dice *Palabra Argentina*: "es la primera vez que no les alcanza el espacio para consignar los totales encolumnados y ofrece diversificada la información de manera tal que la mayoría de los ciudadanos omitan el computar lo que en este caso podría calificarse como 'letra chica', a la que en crecida proporción son desafectos".

---

[218] *La Prensa,* 31 de julio de 1957, p. 5.

[219] *Palabra Argentina*, N° 37, 6 de agosto de 1957, p. 1.

Asimismo, es la primera vez que se tuvo que recurrir a radioemisoras extranjeras – sobre todo brasileñas- para conocer las cifras. Según estas fuentes los votos en blanco sumarían más de 3 millones.
El gobierno se mostró contrariado por las cifras de votos en blanco dadas a conocer, y refiriéndose a los hombres que "pelearon" por el voto en blanco, Aramburu habló de "lastre".
Ante las persecuciones, los vejámenes, los odios, la miseria, los encarcelados por "traición a la patria" en "cárceles de muerte", el "veredicto del pueblo es condenatorio sin atenuantes".
El fraude ha logrado características "jamás igualadas". Ni siquiera en la década del 30 alcanzó, afirma Olmos, tamaña "impudicia". Una enorme lista de ciudadanos no figuraban en los padrones, y los que estaban "a disposición del Poder Ejecutivo", es decir los encarcelados, aparecían como "inhabilitados". Así funcionaron los "padrones democráticos de las fuerzas de ocupación".
No obstante, el gobierno dice estar satisfecho con las cifras, "menos en Santiago del Estero, de donde son oriundos Rojas y la esposa de Aramburu, donde la repulsa alcanzó cifras abrumadoras".

El retroceso económico

° La receta liberal

Los representantes del liberalismo argentino en reiteradas ocasiones han hecho hincapié en resaltar la tradición Mayo – Caseros – Libertadora[220]. Esta triada no es parte de una asociación libre entre tres hechos de la historia argentina, sino que refieren a una coincidencia en orientación -principalmente de política económica- y de proyecto de nación. Estos tres hechos marcan cambios de rumbo. Primero, la Revolución de Mayo, que corta las cadenas con España. En segundo lugar, la batalla de Caseros -en 1852- marca el triunfo de Urquiza sobre la "primera tiranía", que será para los liberales Juan Manuel de Rosas y, por último, la Revolución Libertadora, que culmina con los años de la "segunda tiranía" que evoca los nueve años de gobierno de Juan Domingo Perón.

[220] "Pero la semilla venía de Mayo de 1810, de febrero de 1852. Y esas fechas se conjugan y unen en el calendario de las libertades argentinas, y en el devenir del tiempo, su perspectiva y desbroce de la maleza que pueden distraerlas de la mirada tranquila del mañana, darán la razón a esta comunión de ideales y procederes. Esta simbiosis de Mayo – Caseros – 1955 enervó y enerva aún a los amigos y parciales del tirano, o a los que fingen serlo, en búsqueda de capitalizar su herencia electoral y a sus familiares de ayer o a los nostálgicos de hoy", en *A 30 años de la Revolución Libertadora*, Comisión de Afirmación de la Revolución Libertadora, pp. 37- 38.

La Revolución de Mayo tiene como germen ideológico la Revolución Francesa y el ideario iluminista, y dará lugar a una larga lucha de facciones entre un proyecto federal, que algunos autores le han asignado a Juan Manuel de Rosas, afirmando que sus políticas proteccionistas y la aplicación de aranceles aduaneros para productos importados lo enfrentaron con los sectores ganaderos de Buenos Aires, francamente interesados en comerciar productos primarios con Gran Bretaña a condición de adquirir sus manufacturas[221]. La lucha, que finalizaría con la derrota de Rosas en Caseros, marcará el nacimiento de una Argentina como nación. Luego, Julio Argentino Roca logrará unificar los intereses de los liberales del puerto de Buenos Aires con los de los terratenientes de las provincias[222] para mostrar una nación confiable y poder realizar su renta agraria comerciando con Gran Bretaña.

En términos ideológicos, la Argentina liberal, que se afirma a partir de aproximadamente 1860, tendrá algunos principios que se transformarán casi en dogmas:

- La convicción de que el Estado no debe participar en cuestiones económicas y dejar
funcionar al mercado con sus propias reglas.
- Unido a lo anterior, el rechazo al Estado dirigista e interventor, en tanto que genera déficit fiscal y estorba el funcionamiento de las actividades económicas.
- El Estado es para el liberalismo argentino un mal administrador por naturaleza, que ahoga y entorpece a la libertad de los actores del mercado, como afirma Lewis, entre otros[223].
- Las recetas de política económica propuestas por el liberalismo argentino incluyen una dirección aperturista al capital extranjero, al cual se intenta dar tratamiento igualitario y algunas veces superior que al capital nacional.
- Predominan en sus políticas la idea del crecimiento económico antes que una mejor distribución del ingreso.
- Liberan las barreras a los productos importados apelando a aranceles aduaneros muy bajos y en algunos casos nulos.
- Se niegan a desarrollar una industria para el consumo interno, ya que su principal mercado es el exportador[224].

---

[221] Para ahondar mas detalladamente esta polémica, véase Chiaramonte, José, *Nacionalismo y liberalismo económico en la Argentina 1860 – 1880*, Buenos Aires, Solar Hachette, 1971.

[222] Cf. Horowicz, Alejandro, *Los cuatro…*, ob. cit.

[223] Lewis, Paul, "La derecha y los gobiernos militares, 1955-1983", en *La derecha argentina, nacionalistas, neoliberales, militares y clericales*, Buenos Aires, Javier Vergara Editor, 1993.

[224] Cf. Odonnell, Guillermo, "Estados y alianzas en la Argentina, 1956-76", en *Desarrollo económico*, N° 64, enero-marzo 1977.

- Han sostenido, como afirma Jorge[225], la política del "comprar a quien nos compra" como un modo de mantener la relación comercial con Inglaterra para generar recursos.
- Para superar las crisis de balanza de pagos que se producen por una caída en los términos del intercambio, solicitan créditos externos a los principales organismos de crédito internacional -como el FMI a partir de 1955-, como señala Rouquié[226].
- Se han caracterizado por su voluntad en incorporar a la nación en el mercado mundial y "sacrificar la tradición cultural"[227].
- Proponen ligar los salarios a la productividad y aplicar planes de ajuste con reducción del gasto estatal con el fin de cumplir con los compromisos extranjeros.
- Se han negado a dar apoyo a las llamadas "industrias artificiales"[228], o sea a todas aquellas no ligadas al desarrollo del sector primario, dado que consideran al comercio agro-exportador como la "rueda maestra" de la economía[229].
- Son liberales en lo económico, pero conservadores en relación a la participación política de diversos actores[230].
- Suelen apelar a las ideas de libertad, no obstante, son partidarios de una democracia de participación restringida, en oposición a una democracia social o distributiva.
- Consideran como principio básico de su política, la libertad de empresa y el respeto por la propiedad privada.

° El Plan Prebisch y el de sus seguidores

En enero de 1956 es dado a conocer el informe económico sobre la situación argentina realizado por Raúl Prebisch, antiguo director del Banco Central durante la "década infame" y economista destacado de la CEPAL. Ahí se afirma que la Argentina se encontraba en una crisis de reservas que Prebisch atribuía al dirigismo estatal, los aumentos salariales y el excesivo apoyo a la industria.

---

[225] Jorge, Eduardo, *Industria...*, ob. cit.

[226] Cf. Rouquié, Alain, *Poder militar...*, ob. cit.

[227] Véase Lewis, Paul, "La derecha...", ob. cit.
[228] Jorge, Eduardo, *Industria...*, ob. cit.
[229] Murmis, Miguel y Portantiero, Juan Carlos, *Estudios sobre...*, ob. cit.

[230] Cf. Lewis, Paul, "La derecha...", ob. cit.

El Plan Prebisch es adoptado como programa económico del gobierno. Se realiza una política de mantenimiento de precios (que favorece a los intereses agropecuarios), la Argentina pide el ingreso al Fondo Monetario Internacional, al Banco Internacional de Reconstrucción y Fomento (previo aporte de 150 millones de dólares a cada institución) y adhiere a los acuerdos de Breton Woods. Se envía una misión financiera a los Estados Unidos, con el fin de discutir los acuerdos bilaterales existentes y solicitar un crédito. Se suspenden las inversiones públicas y se suprimen los organismos de control de la actividad agropecuaria creados durante el peronismo, como el IAPI. Frente a la caída de los precios agropecuarios en el mercado internacional, se intenta equilibrar la balanza de pagos a través de créditos internacionales.

Ya en febrero de 1956 se acuerda un crédito del Export – Import Bank por 60 millones de dólares para ser destinados a la adquisición de equipos para una planta siderúrgica.

Como dijimos precedentemente, el Gobierno Provisional dispuso la incorporación de nuestro país al Fondo Monetario Internacional de acuerdo a las sugerencias de Perbisch en su plan económico. Olmos no comparte el "fetichismo de la economía". Este fetichismo está representado por la Junta Consultiva y sus "sabios asesores"[231]. Para Prebisch los problemas se reducen al planteo económico con prescindencia de valores nacionales. Es la "fórmula del 'debe' y del 'haber'", afirma Olmos en la misma página. Por ello Prebisch habla del "barajar científico de números", logrando convencer a Lonardi de la "verdad de una situación catastrófica", por la cual se deben tomar medidas enérgicas. Asustando con el "cuco de las deudas" externas e internas, se proponen políticas drásticas y antipopulares.

Es evidente que el saber crea poder, ya que Prebisch aparece como el mago de las finanzas[232] frente a los militares que se sienten seducidos por él. Pero también el poder crea determinadas formas de saber; ahora se privilegia el saber técnico dado por la economía encarnado en la "sabiduría de los asesores"[233].

El N° 5 de *Palabra Argentina*[234] afirma que el FMI fue creado por el capitalismo internacional, verdadero pulpo en palabras de Olmos, para crear la ficción de una economía en crisis que necesita del ingreso de divisas fuertes en forma de préstamos. Como en los viejos tiempos, recuerda Olmos posiblemente en referencia a la Baring Brothers, la política de los empréstitos volverá a someter al país a "las

[231] *Palabra Argentina*, N° 1, 14 de noviembre de 1955, p. 2.

[232] El saber técnico se profundiza con la llegada al Ministerio de Hacienda de Krieguer Vasena en 1957.

[233] *Palabra Argentina*, N° 1, 14 de noviembre de 1955, p. 2.

[234] *Palabra Argentina*, N° 5,10 de mayo de 1956, p. 2.

garras del imperialismo", pues el FMI implicará el control y el dominio de la nación para imponer las políticas trazadas por el eje del dólar y la libra.
El empréstito se pagará cediendo autonomía económica y financiera y también soberanía política, ya que el FMI fiscalizará y controlará la política financiera argentina.
Asimismo, este organismo ejercerá una especie de "superintendencia" sobre el valor de las monedas, valor que simboliza el poder de otros Estados sobre el argentino.
La contratación del servicio de empresas extranjeras, por otra parte, no resulta ni malo ni bueno, ya que la maldad o la bondad depende de que se enajene o no el patrimonio nacional, afirma Olmos.
Por otra parte, ya están en marcha planes de liquidación de las empresas nacionalizadas por el gobierno depuesto, lo cual ha sido criticado por los funcionarios de la Dirección Nacional de Industrias del Estado nombrados por el mismo gobierno provisional. En el Informe entregado, estos funcionarios afirman que mientras que antes de su nacionalización las empresas daban pérdidas, en 1955 (o sea, ya nacionalizadas) las mismas arrojan utilidades por $76.400.000. La venta de empresas nacionalizadas traerá aparejada la descapitalización interna, la desaparición de algunas empresas con la consecuente desocupación, el estancamiento industrial, a lo que se sumarán las dificultades en la balanza de pagos por los beneficios que se girarán hacia las casas matrices por parte de esas empresas. En definitiva, habrá una considerable disminución del patrimonio nacional.
La respuesta inmediata a este informe fue el llamado a silencio de sus autores, quienes fueron severamente castigados.
Con el pretexto de desmontar lo que se ha dado en llamar la "máquina peronista", se precipita a las instituciones a su liquidación definitiva, afirma Olmos. Y termina preguntándose: "¿Y para esto se hizo la Revolución de Septiembre?".
En el N° 8 de *Palabra Argentina*[235] Olmos sostiene que el complejo industrial DINIE, conformado por 42 industrias y 26.000 obreros, fue un verdadero acto de independencia económica. La privatización de la DINIE es una vuelta al coloniaje.
"Los alemanes no firmaban los Acuerdos de París hasta que no se les entregara DINIE y los franceses no rubricarán este 'contrato leonino' para nuestro país, hasta que el gobierno argentino no entregue a la familia Bemberg la cervecera Quilmes más las empresas financieras y las sociedades anónimas terratenientes de los 'barones de la cerveza'"[236].
Asimismo, al entregar el gobierno "el grupo DINIE, traspasa las patentes y marcas (Merck, Bayer, Schering, etc.)", afirma el mismo número, el cual recuerda que en

[235] *Palabra Argentina*, N° 8, 22 de octubre de 1956, p. 3.
[236] *Palabra Argentina*, N° 33, 23 de julio de 1957, p. 2.

1954, una misión argentina que viajó a Europa, pensaba vender (no devolver como ahora) DINIE a sus titulares alemanes (y no al gobierno alemán). Por su parte, los titulares alemanes se comprometían, a cambio de esa venta, a importar bienes de capital para las empresas. Existía también la cláusula de que el personal de DINIE no sería despedido.

Como "agente del más crudo capitalismo"[237], el FMI exige bloquear todo aumento de salarios, "transfiriendo la crisis económica de las potencias del dinero a las clases económicamente débiles...La oligarquía y el imperialismo, en su maridaje antipopular, obligan a los ministros de Hacienda, Industria, Comercio y Agricultura a constituirse en gerentes de los intereses de la aristocracia vacuna y de la plutocracia". Ahora el ministro de Hacienda es el "desconocido" Krieguer Vasena, "gerente y consejero de varias empresas nacionales y extranjeras", quien ejecuta la política económica que le dictan, desde las sombras, los Prebisch, los Verrier, lord Vestey y los embajadores de los países miembros del Club de París.

Al congelamiento de los salarios se suma la devaluación sistemática del peso, afirma Olmos en el mismo número de la publicación. "Prebisch devaluó el peso de un golpe. Creó una situación antipopular y antidemocrática de la noche a la mañana". Por su parte, "Krieguer Vasena devalúa día a día el peso argentino: pasó al tipo de cambio libre, la importación de acero, hierro, chapa y papel para imprimir...En estas condiciones, las imprentas, las empresas metalúrgicas y las empresas argentinas van a la crisis porque cada día obtienen menos ganancias que se las lleva la devaluación. Por el contrario, las empresas de capital extranjero (que se radican con materias primas y maquinaria modernas) barren competitivamente a las industrias nacionales".

Además, en referencia al petróleo, afirma que es probable que lo importemos al cambio libre, con lo cual "perderemos 4000 millones de pesos. Luego Alsogaray dirá: 'No ven, YPF perdió, no 2000 millones de pesos sino 4000. ¡Cuanta razón tengo al pedir el remate de esta empresa!. Pero en su lugar pondremos la 'libre empresa': la Standard Oil y la Royal Shell. Así tendremos una Argentina libre, democrática y de 'capitalismo del pueblo' ".

Bajo el subtítulo "Principios básicos de la Revolución en el orden económico", reiterados por Aramburu en la ceremonia del 1° de mayo en Entre Ríos, *La Prensa*[238] destaca tres: "a) Desmantelar las estructuras y formas totalitarias de la sociedad y desintegrar el estado policial a fin de democratizar la sociedad y las instituciones. b) Sanear la economía acorde con los intereses generales del país, suprimiendo las trabas que oprimen la actividad económica. d) Crear, con pleno

[237] *Palabra Argentina*, N° 37, 6 de agosto de 1957, p. 3.
[238] *La Prensa*, 8 de mayo de 1956, pp. 1-2.

resguardo de la soberanía nacional y sobre la base del respeto y garantía a la propiedad privada, las condiciones propicias a la inversión de capitales extranjeros que complementen y estimulen el esfuerzo de la producción argentina".

"Entre las estructuras y formas totalitarias se destacan las regulaciones económicas y la absorción por la autoridad de las actividades que antes de la aparición de tal régimen estaban libradas a los particulares".

En el conjunto de las garantías individuales, "las libertades económicas son de tal importancia que cuando se las restringe o suprime se compromete las libertades políticas, se afirma. "Es satisfactorio que el presidente provisional haya insistido en el punto de la liberación de las trabas a la actividad económica privada", insiste *La Prensa*.

Las fisuras y su desenlace

° Las desavenencias políticas

Al malestar que trae la política económica, se suman las desavenencias políticas.

La primera fisura del gobierno provisional ya apareció el 14 de noviembre de 1955 con el desplazamiento de Lonardi.

Con Lonardi al frente del Ejecutivo, la Revolución Libertadora mostrará la incapacidad de los protagonistas del golpe para conformar una nueva dominación con legitimidad desde el Estado. Pronto, las Fuerzas Armadas se transformarán en el actor político al que se trasladarán los enfrentamientos entre distintos proyectos de esa amplia gama que era el antiperonismo, apareciendo con claridad su imposibilidad para construir una nueva hegemonía sin los actores que otrora formaban parte del proyecto peronista.

Así, los sectores nacionalistas católicos serán derrocados con la caída de Lonardi, quien se negaba a desarmar totalmente el aparato sindical creado durante el peronismo y llevar a cabo una serie de medidas hacia la "desperonización".

Con el ascenso de Aramburu y los sectores liberales del Ejército y el peso de la Marina que, como dice Rouquié, "gracias a su intervención decisiva en el levantamiento de septiembre, los marinos habían logrado un peso político sin precedentes",[239] se realizará un proceso de represión de la clase obrera. El dictamen del decreto 4161, que impedía nombrar a Perón y las consignas del justicialismo, la represión en las fábricas, la proscripción del peronismo, la intervención de la CGT, serán medidas en pos de desarmar la organización de la clase obrera.

[239] Rouquié, Alain, *Poder militar*..., ob. cit., p. 126.

El ascenso de los liberales al gobierno de la Libertadora marcará también el regreso al aparato estatal de los sectores más concentrados de la burguesía agraria que implementarán una redistribución regresiva del ingreso, una política de apertura del comercio externo, la modificación de las relaciones diplomáticas internacionales y el ingreso de la Argentina a los organismos internacionales de crédito.

La burguesía agraria -a través de sus sectores adeptos dentro de las Fuerzas Armadas- implementarán una serie de medidas para reposicionar al comercio agropecuario y la acumulación de renta agraria en primer plano. Volverán a participar del gabinete económico figuras de las familias tradicionales ligadas a la Sociedad Rural Argentina, representantes de grandes empresas y asesores de la Bolsa de Comercio, así como también de la UIA. Para esto, tomarán "revancha" con los nuevos actores sociales incorporados por Perón, desarmando la CGE y la CGT y pretendiendo conformar una nueva dominación sin la clase obrera y el capital nacional orientado al mercado interno.

Sin embargo, la clase obrera comenzará a desarrollar una política de boicot que dará comienzo a la llamada "resistencia peronista", que marca un largo período de vacío hegemónico en la Argentina. Esto es -en palabras de Portantiero - "incapacidad de un sector que deviene predominante en la economía para proyectar sobre la sociedad un orden político que lo exprese legítimamente y lo reproduzca".[240]

La represión que el gobierno militar realizará sobre el movimiento obrero, y sobre el movimiento peronista en general, no tendrá precedentes, ni punto de comparación con la desarrollada por Perón durante su segundo gobierno. El clímax de dicha persecución y que producirá un efecto paradojal en la clase obrera argentina, que lejos de "desperonizarse" se "reperonizará", será el levantamiento civil–militar de junio del 56'.

Sostiene Horowicz: "los fusilamientos congelaron el problema. Las Fuerzas Armadas debían comprender un nuevo elemento político: un oficial superior podía utilizar el bagaje de poder militar para favorecer el crecimiento de un determinado punto de vista, pero había uno que no admitía respaldo militar, y era el punto de vista que no admitía la sociedad civil: el peronismo. Esta no era una decisión militar autónoma, sino la que las clases dominantes inyectaban en el cuadro de oficiales y rezaba así: quien respalde, abrace, comulgue con ideas peronistas es un enemigo de la institución, porque la institución vertió la preciosa sangre de oficiales por defender al 'tirano prófugo'. Había un solo medio de purgar semejante error: tabicar a sangre y fuego la posibilidad del retorno, clausurar definitivamente esa alternativa".[241]

[240] Portantiero, Juan C., "Economía y política...", ob. cit., p. 4.
[241] Horowicz, Alejandro, *Los cuatro...,* ob. cit., p. 151.

Hacia fines de 1956, 18 generales fueron pasados a retiro acusados de amotinarse contra el ministro de Ejército. "El único apoyo que la dictadura tenía, el de las armas, amenaza con derrumbarse".[242] Por ello, sigue, "la anarquía aparece nítida en el horizonte... el gobierno de la 'revolución' ha concluido ya su efímero reinado de ilegalidad y encarcelamiento. Como en los momentos trascendentales de su historia, las instituciones militares –superando su terrible crisis- deben salvar la Nación de la anarquía o el despotismo".
Y en un interesante párrafo, Olmos habla en este mismo número del periódico de "fatalismo histórico", idea que proviene de un corpus distinto del moderno.
Hablar de fatalismo implica la existencia de fuerzas inmanejables por parte del hombre. Algo similar sucede con el "destino", el cual se impone a los hombres –tarde o temprano- sometiendo su voluntad y su conciencia. En este caso, la historia, o el hacer la historia, no está en manos de los hombres en su totalidad. Afirma Olmos: "Los plazos se han de cumplir inexorable en el fatalismo histórico que los hombres no controlan. La suerte está echada y estéril ha de ser el esfuerzo de quienes intentan la perpetuidad de lo imposible".
La crisis del gobierno aparece en toda su magnitud con el desplazamiento del ministro Krause (en representación de la Fuerza Aérea), cara aparentemente más acorde con la consigna "no hay vencedores ni vencidos", lo cual suscitó en muchos una gran decepción porque equivocadamente se habían depositado en él esperanzas de renovación en "un ambiente viciado de intereses y cobardías"[243].

° Elecciones del 23 de febrero de 1958: abstención o voto por Frondizi

A las luchas intestinas en el seno del gobierno, se suma un ambiente cargado de odio y sobresalto. "No pasa un día sin que se registren remociones, cambios, renuncias", afirma *Palabra Argentina* N° 44 del 24 de septiembre de 1957[244]. "El gorilismo que aún no ha saciado su sed de cárcel y de sangre se aferra a la ley represiva, que inhabilita al partido mayoritario". Con el arma de un decreto ignominioso se preparan las celdas carcelarias de los periodistas que han podido escapar al furor persecutorio de los funcionarios del gorilismo...Nuestra posición es de resistencia intransigente. Pero también de no-violencia. Aunque la violencia se ejerce contra nosotros, nosotros no usaremos de ella, porque la no-violencia derrotará a la violencia...Frente al crimen y la cárcel hemos comprometido la no-

[242] *Palabra Argentina*, N° 18, 9 de abril de 1957, p. 1.
[243] Idem., p. 1.

[244] *Palabra Argentina*, N° 44, 24 de septiembre de 1957, p. 2.

revancha...". Olmos firma este editorial "desde algún lugar del país" ya que pesa sobre él la proscripción.

En el N° 46, *Palabra Argentina*[245]se pregunta: ¿a quién teme el gobierno para no levantar el estado de sitio?.

Previendo un desenlace desafortunado para el gobierno, ante las elecciones del 23 de febrero de 1958, se está haciendo todo lo posible para inhabilitar el Partido Blanco, negándole personería jurídica, con el cual el peronismo se presentaría en este acto electoral. El nombre "blanco" es para reivindicar y recordar los 3.500.000 votos en blanco en las elecciones para la Asamblea Constituyente. Una idea de la importancia que ha adquirido por entonces *Palabra Argentina*, así como la trascendencia que en circunstancias tales puede adquirir una publicación como la misma, la determinan nada más y nada menos que palabras de Cooke al jefe exiliado: "Olmos, que no se lleva bien con Benítez, quiere formar el Partido Blanco, como forma de dar posibilidades de actuar a la masa peronista...Ambos se jugaron valientemente contra la Tiranía y recogen la popularidad de sus semanarios. Eso los lleva a pensar que son muy hábiles políticos, en lo que se equivocan. Olmos es ambicioso y quiere aprovechar la oportunidad de que es el único que posee cierto margen de libertad para moverse. El padre Benítez quiere satisfacer su vanidad convirtiéndose en *factotum* de las soluciones políticas".[246]

"El camino se presenta abrupto, afirma *Palabra Argentina* N° 56[247], y conviene presentar combate allí donde las fuerzas enemigas presentan debilidad. Donde está la fuerza, nada...Las masas argentinas esperan el momento de la consulta a despecho del fraude, para dejar sentir su total y absoluto repudio a la tiranía. El pueblo, en consecuencia, quiere votar sin las limitaciones que el 'plan político' le impone. Anhela el levantamiento de las inhabilitaciones y la liberación de todos los presos políticos y sindicales...El pueblo quiere concretar su objetivo por la ley. Pero si se le cierran los caminos legales, está dispuesto –estamos dispuestos- a ir a la guerra".

Ante la bofetada sufrida el 23 de febrero de 1958, el gobierno estará dispuesto a burlar el veredicto popular perpetrando un nuevo golpe de estado. Esta denuncia se halla en el N° 63 del 4 de marzo de 1958 del periódico.

Conocido el resultado que consagraba como presidente de la República a Arturo Frondizi, circulan los rumores de que un "grupo de gorilas de superior jerarquía y políticos profesionales, no se resignan a aceptar el unánime repudio".

---

245 *Palabra Argentina,* N° 46, 8 de octubre de 1957, p. 1.

246 Cf. *Correspondencia...*, ob. cit., p. 230.

247 *Palabra Argentina*, N° 56, 24 de diciembre de 1957, p. 2.

Palabra Argentina, desafiando el pacto Perón-Frigerio, llamó a la abstención en esas elecciones, no votando por Frondizi[248]: "El Partido Blanco estaba ganando la calle... las adhesiones llegaban incesantemente...Sobre el filo mismo de los plazos legales fijados por el gorilaje, surgieron los inconvenientes que habrían de resultar insalvables luego. Mediante maniobras maquiavélicamente concebidas, se llegó a provocar un principio de asfixia económica...Todas las argucias se jugaron para impedir la concurrencia a los comicios al Partido Blanco...No quedaba, en consecuencia, otro camino que decretar la abstención. El Partido Blanco ha resuelto abstenerse de concurrir a los comicios del 23 de febrero salvo donde la trapacería pudo ser neutralizada...".

"Ha quedado el peronismo al margen de la consulta. Millones de ciudadanos se debaten en el desconcierto...Ahora el pueblo habrá de meditar profundamente cuál debe ser la decisión a tomar".

A través de este pasaje puede verse que si bien por esos días *Palabra Argentina* era una de las publicaciones mas consultadas entre los peronistas, su discurso no coincidía con el pensamiento de Perón, ni del grueso de la Resistencia.

Como dijimos precedentemente, la identidad es un itinerario, una trama histórica actualizada, en la que se mezclan la mismidad y la alteridad. En ella, algo permanece idéntico, pero al mismo tiempo, su dinamismo nos revela la diversidad, la heterogeneidad en esa unidad, el cambio con el paso del tiempo. La "identidad peronista" de Alejandro Olmos refleja esta tensión. [249]

[248] *Palabra Argentina*, N° 61, 20 de febrero de 1958, p. 1.

[249] Véase p. 33 de este trabajo.

CONCLUSIONES

El derrocamiento de Perón marcará no sólo la caída de un gobierno elegido democráticamente. Será el cierre de un ciclo histórico, el de un modelo de acumulación, que habiéndose iniciado en la crisis del 30' con la sustitución de importaciones, incorporará a los trabajadores a partir del 45' con un cambio sustancial en la distribución del ingreso. Por lo tanto, estos actores serán fundamentales en el proyecto político de estos años. Desde el 55', la participación de los sectores populares en el ingreso nacional irá descendiendo. La caída de Perón marcará, además, el nacimiento de una etapa de crisis de hegemonía. Durante el período que va de 1945 a 1955 el movimiento nacional–popular pudo conformar un orden legítimo asentado sobre la articulación de una alianza entre el movimiento obrero, las Fuerzas Armadas, el capital nacional. A partir de la Revolución Libertadora en palabras de Portantiero[250]: "ninguna experiencia gubernamental logró satisfacer los requisitos mínimos necesarios para sostener un orden estable. Faltó una ecuación política capaz de articular a la sociedad con el Estado, de establecer mecanismos claros de exclusión y recompensa, de fundar en fin una legitimidad reproductora del sistema".

Agregaremos a esta argumentación de Portantiero que la Revolución Libertadora no llegó a destruir la identidad peronista, no obstante todos los intentos para llevarlo a cabo. Creemos, en realidad, que más que deconstruir, logró asimilar a una amplia franja de los sectores sociales a viejos proyectos político-económicos. En efecto, atrajo a ellos sectores medios descorazonados con el peronismo, viejos opositores e intelectuales que vieron en la Libertadora una posibilidad de salida.

Asimismo, la prohibición de nombrar a Perón y a todo lo que estuviera con él relacionado, no cumplió el objetivo esperado. Las nominaciones de "delincuente", "prófugo", "traidor", "corruptor", etc., no hizo mella entre sus adherentes, quienes sintieron en la pronunciación de su nombre una forma de resistencia. Los seguidores de Perón no vieron en él al torturador y dictador del que hablaban sus enemigos, y por lo tanto, estos adjetivos no despertaron ni culpa ni vergüenza.

Estos seguidores eran vistos por los "libertadores" como un grupo de hombres y mujeres incapaces de hacer una evaluación crítica frente a la realidad política. La interpelación de Perón los había convertido en fáciles presas de la manipulación.

[250] Portantiero, Juan. C.,"Economía y política…", ob. cit., p. 3

Tras las promesas de redención, habían visto en él a un ser divinizado, de allí el carisma que le otorgaron.
En un artículo firmado por Jorge Luis García Venturini, publicado por *La Prensa* el 16 de septiembre de 1979[251], aparecen con claridad los mecanismos imaginarios y simbólicos integradores del sector social que dio sustento ideológico, económico y político a la Revolución Libertadora, en contraposición a los que acompañaron al peronismo.
Dice: "Fue la gran posibilidad, porque fue el triunfo del valor ante la cobardía, de la honradez ante la corrupción, de la hidalguía ante la mezquindad, de la moral frente a la venalidad, de la estética frente al mal gusto, de la libertad frente al sometimiento. Fue una maravillosa pirueta del espíritu creador, de ese espíritu que da sentido a la historia, es decir de la biografía de los hombres. Fue una afirmación del Espíritu de Occidente…". En pocos renglones se establecen con claridad las antinomias irreconciliables que dan cuenta de la identidad de los contendientes: valerosos versus cobardes, morales versus venales, hidalgos versus mezquinos, libres versus sometidos, lo lindo versus lo feo[252]. Sin embargo, no existen identidades puras e incontaminadas. En el proceso de constitución de toda identidad interviene necesariamente la alteridad.[253]
En otro editorial de *La Prensa*, publicado el 14 de septiembre de 1980[254], se afirma que: "Lo que ocurrió en la República Argentina durante el período que se inicia el 4 de junio de 1943 y se prolonga hasta el 16 de septiembre de 1955 ilustra cabalmente sobre la inestabilidad de las formas superiores de la convivencia, la frecuente debilidad de las instituciones democráticas, el riesgo que asedia a la libertad y la facilidad con que en nuestra época puede desvanecerse una cultura secular y perderse los más altos valores. Todo lo que parecía definitivamente incorporado al acervo moral y espiritual de la Nación, por obra de los grandes estadistas del pasado y el esfuerzo de varias generaciones, fue agraviado y amenazado y estuvo a punto de desaparecer".
Los "libertadores" olvidan que el fin de la religión como principio constituyente del cuerpo social marca una gran ruptura, y que nada, ni siquiera los grandes estadistas

[251] *La Prensa*, 16 de septiembre de 1979, p. 7.
[252] En la entrevista realizada a Enrique Maceiras se hace una referencia a la "caballerosidad" que identifica a los periodistas del diario *La Prensa*. "El lema de *La Prensa* era la frase de Walter Withman, un periodista norteamericano del siglo XIX, que decía: "No se puede escribir lo que no se pueda decir como caballero". Esta opinión trasciende el quehacer del periodismo, pues da cuenta de ciertos códigos que identifican a un determinado sector social o ideológico y que lo distancian y diferencian del resto; sólo los "iniciados" participan de ellos.

[253] Véase Vergalito, Esteban, "¿Ricoeur vs. Derrida?..., ob. cit.
[254] *La Prensa*, 14 de septiembre de 1980, p. 5.

del pasado pueden ocupar su lugar. Ahora la sociedad constituye su sentido a través de una instancia "físicamente metafísica": el Estado. En adelante, el vértice del orden colectivo reside en el Estado.

Asimismo, las teorías democráticas modernas prescinden de principios de verdad, incuestionados e inmutables; la legitimidad de una decisión depende de su legalidad. Sobre la base de tal "legitimidad por procedimiento" toda norma puede ser revocada o modificada por una nueva mayoría. Los procedimientos democráticos (elecciones regulares, principio de mayoría) no garantizan que determinada medida o meta programática perdure en el tiempo. En consecuencia, la democracia no se funda en un pacto sustantivo sobre determinados objetivos, sino solamente en un pacto institucional acerca de los procedimientos. Por otra parte, tampoco los procedimientos formales dan una seguridad absoluta. El relativismo de valores también relativiza las "reglas del juego". No hay procedimientos "verdaderos" u "objetivos"; son acuerdos contractuales que establecen un derecho, pero no un deber; no ofrecen garantías en el sentido de una obligación ética. El contrato queda inmerso en el mundo del poder, con sus relaciones asimétricas.

Sigue el editorial de *La Prensa*[255]: "Todas las malas pasiones del alma se exhibieron por el dictador durante su paso por el poder (nótese que ni siquiera en 1980 se nombra por su nombre a Perón), pero de ellas, la que mostró con más pertinacia en todos los actos y en todas las circunstancias, y que más resplandece es el odio, el odio al pasado histórico; el odio a cualquier forma de superioridad moral o intelectual; el odio a la verdad y a la justicia; el odio a los enemigos leales y a los abyectos servidores; el odio a las multitudes atraídas por la demagogia y la corrupción y usadas como meros instrumentos para la conquista del poder. El odio es además una nota tan esencial al régimen que impuso que sin él lo que sucedió carece de lógica y explicación. La clave de la época, lo que ilumina los personajes y los acontecimientos, la razón última de las contradicciones y los fracasos, es el odio. Hechos tan inauditos como el de la quema de la bandera, de los templos, de la sede de los partidos, las bibliotecas y los palacios, son expresión de odio que sin duda el dictador sentía por sí mismo, en la intimidad del abismo moral que se debatía". Nuevamente aparecen las categorías duales como una cadena de oposiciones binarias: bondad versus maldad, moral versus inmoral. Para los "libertadores" todos los actos del gobierno peronista estuvieron motorizados por el odio. La década envuelta en una emotividad negativa –el odio- es interpretada a partir de la misma emotividad. Los actos del orden de lo subjetivo pueden enaltecer o ensombrecer los hechos históricos, pero en sí mismos no pueden explicarlos, ya que como son

[255] Ibídem.

precisamente subjetivos despiertan reconocimiento por parte de unos y desconocimiento y críticas por parte de otros. La distancia temporal, el hecho de no ser contemporáneos de esos hechos que estamos describiendo para comprenderlos, nos permite neutralizar esas emociones que son indispensables en el hacer histórico. Los acontecimientos son el resultado de cobardías, odios, solidaridades, rebeldías y bondades, pero también de planes y resoluciones racionales, conflictos de intereses, negociaciones, consensos y resistencias.
Por otra parte, los mecanismos de destrucción de la identidad se concretan mediante la instauración de un "estado de excepción" que, según G. Agamben, se legitima por una percepción de amenaza al estado de derecho o a la Constitución Nacional. Ese estado opera en un espacio vacío de derecho, en el cual todas las determinaciones jurídicas son desactivadas.
Como vimos a lo largo de estas páginas, el estado de excepción se instaura en un ambiente de violencia, violencia que en realidad lo precede y que se toma como excusa para dar lugar al estado de excepción.
La situación creada por la excepción tiene la particularidad de que no puede ser definida ni como una situación de hecho ni como una de derecho, sino que introduce entre ambas un paradójico umbral de indiferencia. No es un hecho, porque sólo se crea por la suspensión de la norma; pero, por la misma razón, no es tampoco una figura jurídica particular, aunque abra la posibilidad de la ley.[256]

El estado de excepción es el lugar en el cual esta ambigüedad emerge a plena luz y, a la vez, el dispositivo que debería mantener unido a los dos elementos contradictorios del sistema jurídico. Él es, en este sentido, aquello que funda el nexo entre violencia y derecho y, asimismo, es el punto en el que se vuelve "efectivo" aquello que rompe este nexo.

La violencia no cesa, sino que precede y acompaña a la instauración del estado de excepción. Sin embargo, esa violencia se enmascara o se encubre como necesidad de la hora. La palabra "verdad" acompaña los actos. Es la lucha de la verdad contra la mentira instalada en el corazón de la Nación durante casi una década.
Como vimos, *La Prensa* trató de legitimar ese "estado de excepción" como una transición necesaria para retornar al orden constitucional previo a la reforma peronista de 1949, a partir de la construcción de un espacio discursivo en el cual se naturaliza la exclusión y la pérdida de los derechos de una de las identidades en pugna con la Revolución Libertadora.
En este sentido, *La Prensa* creó símbolos integradores de determinados sectores sociales, resaltando sus orígenes y lugar de pertenencia, otorgándoles una identidad

[256] Agamben, G., *Homo...*, ob. cit., p. 31.

común y universal, legitimando y disimulando determinadas prácticas del gobierno. Las reiteraciones de fechas históricas como Caseros, para asociar Rosas y Perón, la asociación de peronismo con nazi-fascismo, las apelaciones a funcionarios del Imperio Romano –de César[257] a Vespasiano- que murieron brutalmente a manos de sus opositores, la reivindicación permanente de la Constitución de 1853 para contraponerla a la de 1949, resultan sólo algunos ejemplos.

A su vez, *Palabra Argentina* utiliza mecanismos integradores semejantes para convocar a sus lectores, legitimando un espacio para la resistencia, además de intentar deslegitimar el "estado de excepción" que institucionaliza la violencia ilegítima, al tiempo que construye un espacio discursivo en el cual se expresan las identidades en pugna con la Revolución Libertadora.

Sintéticamente, *Palabra Argentina* busca nuclear tras de sí "el pueblo", en tanto unidad política que encierra una diversidad social, para contraponerlo a la oligarquía y a los sectores militares "entreguistas". Recordará en muchas oportunidades que tras el proyecto de Perón están los niños, los ancianos, las mujeres, los trabajadores, desde el momento en que les reconoció sus derechos[258].

Asimismo, hay por parte de *Palabra Argentina* una lucha en pro de la identidad nacional, por ello hará referencia en diversos ejemplares a los derechos soberanos sobre las riquezas, la educación, la cultura, los servicios públicos, de ahí que permanentemente recuerda la colonia que fue la Argentina antes de la Revolución del 4 de junio de 1943. Tras las banderas peronistas, se encolumnan viejos ideales federales contrapuestos a la Argentina unitaria. De igual modo, la permanente prédica contra los organismos internacionales de crédito –Banco Mundial, FMI, etc.- cumple el mismo objetivo de defender el patrimonio nacional.

Por su parte, *La Prensa* contrapone a la identidad de lo masivo y lo plebeyo, aquella que se forjó alrededor del modelo agro-exportador; identidad elitista y restringida a unos pocos.

---

[257] Julio César fue el primer hombre que se pronunció mandatario absoluto en Roma, haciéndose nombrar *Dictator* (dictador). Tal osadía no agradó a los miembros del Senado romano, que conspiraron contra él asesinándolo durante los *Idus de marzo* en las mismas escalinatas del Senado, restableciendo así la república, de retorno efímero.

[258] El brigadier retirado Héctor Walter Seigneur se refiere a ello con claridad en la entrevista realizada por el grupo de investigación: "Acá en Barracas, en el año treinta y pico/cuarenta, éramos siete u ocho los estudiantes secundarios, nada más; la escuela primaria, el que podía, el resto...no había trabajo. Al que moría lo enterraban en un cajón de bacalao y lo llevaban con el carro municipal...Ese de abajo, cuando recibe un beneficio, cuando le dicen que existía, que era una persona, que tenía un derecho...Todo eso fue creando una expectativa popular, de apoyo en sus cánticos, en su organización...¡No te podés imaginar cuando apareció en la Plaza y dijo: 'Trabajadores'. Antes no eran nada!".

Sin embargo, el intento de restaurar el proyecto agro-exportador por parte de los sectores que rodearon a Aramburu, fracasará por cuestiones de coyuntura internacional, pero también por la incapacidad – y posiblemente el desinterés- de la burguesía agraria y sus corporaciones representativas de incorporar a los nuevos actores sociales nacidos al calor de la sustitución de importaciones a su proyecto político.

Por otra parte, la búsqueda para "salvaguardar de las impurezas" una identidad en peligro de contaminación y corrupción por la llegada de los "otros", aquellos migrantes internos que habían invadido desde los años 40 un espacio urbano que se creía casi privado, fue fallida. Los "cabecitas negras" eran una realidad irreversible, eran el producto de nuestra "modernidad" y su creciente proceso de industrialización. De aquí en más, las calles del Barrio Norte, casas y edificios de otros barrios capitalinos, paseos y plazas, los medios de transporte, estarán poblados por su presencia. Más aún, "los cabecitas" mostrarán su vitalidad, su no entrega al ostracismo y al silencio a través de una resistencia que irá creciendo a partir de 1957. La "masa" hará sentir su voz ante el menor resquicio que se abre, ante la más mínima posibilidad que se presenta: la huelga, el sabotaje, la pintada, el panfleto, el voto en blanco, la abstención. Los intentos de destrucción de la identidad peronista a través de la represión y el silenciamiento fueron en vano.

Alrededor de las miradas opuestas construidas sobre el peronismo es posible percibir que "una vez más en nuestra historia política, se desató la ya conocida *mutua denegación de legitimidad.* Como efecto de esta denegación, emergió el fantasma de 'las dos Argentinas'...".[259]

Antes que atribuir virtudes o maldades innatas a las fuerzas políticas actuantes, nuestro interés se basó en explicar y comprender más que en juzgar, y observar los efectos históricos que se generan en las sociedades a partir de circunstancias que incluso los propios actores ignoran.

Por último, el gobierno de la Revolución Libertadora mostrará que el antiperonismo no era un proyecto organizado y que incluía en su interior diferentes proyectos políticos con una única coincidencia: impedir el retorno del peronismo al gobierno.

[259] Terán, O., *Historia de las ideas...*, ob. cit., p. 260.

BIBLIOGRAFIA

Agamben, Giorgio, *Estado de excepción*, trad. de Flavia Costa e Ivana Costa, Buenos Aires, Adriana Hidalgo Editora, 2005.

Agamben, Giorgio, *Homo sacer*, trad. de Antonio G. Cuspinera, Valencia, Pre-Textos, 2003.

Altamirano, Carlos, *Peronismo y cultura de izquierda*, Buenos Aires, Temas Grupo Editorial, 2001.

Altamirano, Carlos, *Bajo el signo de las masas (1943-1973)*, Buenos Aires, Planeta-Ariel, 2001.

Althusser, Louis, *Ideología y aparatos ideológicos del Estado*, trad. de A. Roises, Buenos Aires, Nueva Visión, 1970.

Amaral, Samuel y Plotkin, Mariano (comps.), *Perón, del exilio al poder*, Buenos Aires, Cántaro, 1993.

Baschetti, Roberto, *Documentos de la Resistencia Peronista 1955-1970*, Buenos Aires, PuntoSur Editores,1988.

Bianchi, Susana y Spinelli, María Estela (comps.), *Actores, ideas y proyectos políticos en la Argentina contemporánea,* Inst. de Estudios Sociales de Tandil, 2002.

Blanchot, Maurice, *L'entretien infinit*, Paris, Seuil, 1962.

Bonasso, Miguel, *El presidente que no fue*, Buenos Aires, Planeta – Espejo de la Argentina, 1997.

Borges, Jorge Luis, "*L'illusion comique*", en *Revista Sur*, N° 237, noviembre-diciembre 1955, pp. 9-10.

Buchrucker, Cristian, *Nacionalismo y peronismo. La Argentina en la crisis ideológica mundial, 1927-1955*, Buenos Aires, Sudamericana,1987.

Caimari, Lila, *Perón y la Iglesia Católica*, Buenos Aires, Ariel,1995.

Castagnola, Gustavo, "Body of Evidence. Juan D. Perón's Discourse during his Political Exile (1955-1972). Doctoral Thesis, University of Essex, Department of Government, 2000.

Cavarozzi, Marcelo, "El fracaso de la semidemocracia y sus legados", en Cavarozzi, Marcelo (comp.), *Autoritarismo y democracia (1955/83)*, Buenos Aires, CEAL, 1983.

Ciria, Alberto, *Política y cultura popular. La Argentina peronista 1946-1955*, Buenos Aires, 1983.

Chiaramonte, José, *Nacionalismo y liberalismo económico en la Argentina 1860-1880*, Buenos Aires, Solar Hachette, 1971.

Comisión de Afirmación de la Revolución Libertadora, *A 30 años de la Revolución Libertadora*, Buenos Aires, 1985.
Cooke, John William, *Peronismo y revolución*, Buenos Aires, Gránica Editor, 1971.
Cooke, John y Perón, Juan D., *Correspondencia Perón-Cooke*, t. I y II, Buenos Aires, Editorial Parlamento, 1985.
Da Orden, M. Liliana y Melón Pirro, Julio C., *Prensa y peronismo. Discursos, prácticas, empresas, 1943-1958,* Rosario, Prehistoria, 2007.
Del Campo, Hugo, *Sindicalismo y peronismo. Los comienzos de un vínculo perdurable*, Buenos Aires, CLACSO, 1983.
Deleuze, Gilles y Guattari, Felix, *Mil mesetas: capitalismo y esquizofrenia*, trad. de Patricio Peñalver, Valencia, Pre-Textos, 1988.
Derrida, Jacques, *Espectros de Marx. El estado de la deuda, el trabajo de duelo y la nueva internacional*, trad. de José M. Alarcón y Cristina de Peretti, Madrid, Trotta, 1995.
Derrida, Jacques, *La escritura y la diferencia*, trad. de P. Peñalver, Barcelona, Anthropos, 1989.
Esposito, Roberto, *Inmunitas*, trad. de Luciano Padilla López, Buenos Aires, Amorrortu, 2005.
Feinmann, José Pablo, "Peronismo. Filosofía política de una obstinación argentina", en *Suplemento especial de Página 12*, 2008-2009.
Ferrer, Aldo, *La economía argentina*, Buenos Aires, FCE, 1965.
Ferrer, Aldo, "Los ciclos económicos en la Argentina", en *Revista OIKOS*, N° 8, Buenos Aires, septiembre 1995.
Ford, Aníbal, Rivera, Jorge y Romano, Eduardo, *Entre los medios de comunicación y la cultura popular*, Buenos Aires, Legasa, 1985.
Fuocault, Michel, *La verdad y la formas jurídicas,* trad. de Enrique Lynch, Barcelona, Gedisa, 2003.
Foucault. Michel, *Vigilar y castigar*, trad. de Aurelio Garzón del Camino, México, Siglo XXI, 1989.
Foucault. Michel, *Microfísica del poder*, trad. de Julia Varela y Fernando Álvarez Uria, Madrid, Editorial La Piqueta, 1980.
Foucault, Michel, *Historia de la locura en la época clásica*, t. I y II, trad. de Juan José Utrilla, México, FCE, 1998.
Galasso, Norberto, *La izquierda nacional y el FIP*, Buenos Aires, Biblioteca Política Argentina, 1983.
Galasso, Norberto, *Cooke: De Perón al Che*, Buenos Aires, Homo Sapiens, 1997.
Gerchunoff, Pablo, "No confundir agotamiento con error", en *Diario Página 12*, Buenos Aires, 1990.

Germani, Gino, *Política y sociedad en una época de transición*, Buenos Aires, Paidós, 1985.
Gil, Hernán, *La izquierda peronista (1955-1974)*, Buenos Aires, CEAL, 1989.
Gillespie, Richard, *J.W.Cooke. El Peronismo alternativo*, Buenos Aires, Cántaro, 1989.
Gordillo, Mónica, "Protesta, rebelión y movilización: de la Resistencia a la lucha armada, 1955-1973", en James, Daniel, *Nueva historia argentina,* t. 9, Buenos Aires, Sudamericana, 2003.
Gramsci, Antonio, "Observaciones sobre el folklore" y "Literatura popular", en *Literatura y vida nacional*, trad. de José M. Aricó, Buenos Aires, Lautaro, 1961.
Gramsci, Antonio, *Los intelectuales y la organización de la cultura*, trad. de Raúl Sciarreta, Buenos Aires, Nueva Visión, 2004.
Gutiérrez, Leandro y Lobato, Mirta, "Memorias militantes: un lugar y un pasado para los trabajadores argentinos", en *Entrepasados,* año II, N° 3, Buenos Aires, Universidad de Filosofía y Letras, UBA, 1992.
Heidegger, Martin, *El ser y el tiempo*, trad. de José Gaos, México, FCE, 1997.
Halperin Donghi, Tulio, *La democracia de masas*, Buenos Aires, Paidós, 1983.
Hernández Arregui, Juan José, *La formación de la conciencia nacional*, Buenos Aires, Editorial Continente, 1960.
Horowicz, Alejandro, *Los cuatro peronismos*, Buenos Aires, Hyspamérica, 1985.
Iturriza, Mariana y Pelazas, Myriam, *Imágenes de una ausencia. La presencia de la mujer en la fotografía argentina de prensa 1920-1930*, Buenos Aires, Prometeo, 2001.
James, Daniel, "17 y 18 de octubre de 1945: el peronismo, la protesta de masas y la clase obrera argentina", en *Desarrollo económico*, N° 107, Buenos Aires, 1987.
James, Daniel, *Resistencia e integración. El peronismo y la clase obrera argentina (1946-1976),* Buenos Aires, Sudamericana, 1990.
Jauretche, Arturo, *El medio pelo en la sociedad argentina*, Buenos Aires, Corregidor, 2001.
Jauretche, Arturo, *El plan Prebisch, retorno al coloniaje*, Buenos Aires, A. Peña Lillo Editor, 1974.
Jorge, Eduardo, *Industria y concentración económica*, Buenos Aires, Siglo XXI, 1971.
Jelin, E., *Los trabajos de la memoria*, Buenos Aires, Siglo XXI, 2002.
"La Revolución Libertadora, discursos de Aramburu y Rojas en 12 meses de gobierno", Buenos Aires, 1956.
Laclau, Ernesto, *Modos de producción, sistemas económicos y población excedente*, Buenos Aires, 1975.

Laclau, Ernesto, *Nuevas reflexiones sobre la revolución de nuestro tiempo*, Buenos Aires, Nueva Visión, 1993.
Laclau, Ernesto y Mouffe, Chantal, *Hegemonía y estrategia socialista.Hacia una radicalización de la democracia*, Buenos Aires, FCE, 2004.
Lewis, Paul, "La derecha y los gobiernos militares, 1955-1983", en *La derecha argentina, nacionalistas, neoliberales, militares y clericales*, Buenos Aires, Javier Vergara Editor, 1993.
Malgesini, Graciela, Alvarez, Norberto, *El Estado y la economía (1930-1955),* Buenos Aires, Centro Editor de América Latina, 1983.
Marx, Carl, *Manuscritos: economía y filosofía*, trad. de W. Roces, Madrid, Alianza, 1968.
Marx, Carl, *El 18 Brumario de Luis Bonaparte,* trad., O. P. Safont, Buenos Aires, Prometeo, 1994.
Melón Pirro, Julio C., "La prensa nacional y el peronismo (1955-1958)", en Bianchi, Susana y Spinelli, María Estela (comps.), *Actores, ideas y proyecto político en la Argentina contemporánea*, Tandil, IEHS, 1957.
Micieli, Cristina, "Praxis comunicativa y biopolítica: una crítica a la concepción habermasiana de la democracia", en *Revista Iberoamericana de Comunicación,* N° 9, México, UIA, 2006.
Micieli, Cristina, *El hombre alienado, el último hombre y la caída. Encuentros y desencuentros entre Marx, Nietzsche y Heidegger*, Buenos Aires, Biblos, 2009.
Murillo, Susana, *El discurso de Foucault: Estado, locura y anormalidad en la construcción del individuo moderno*, Buenos Aires, Oficina de Publicaciones del CBC, 1997
Murmis, Miguel y Portantiero, Juan Carlos, *Estudios sobre los orígenes del peronismo*, Buenos Aires, Siglo Veintiuno Editores, 1975.
Neiburg, Federico, *Los intelectuales y la invención del peronismo*, Buenos Aires, Alianza, 1998.
Nietzsche, F., *Sobre verdad y mentira en sentido extramoral*, trad. de Luis M. Valdés y Teresa Orduña, Madrid, Tecnos, 1994.
O´Donnell, Guillermo, *Contrapuntos*, Buenos Aires, Paidós, 1997.
O'Donnell, Guillermo, "Estados y alianzas en la Argentina, 1956-76", en *Desarrollo Económico*, N° 64, Buenos Aires, enero-marzo 1977.
O'Donnell, Guillermo, "Modernización y golpes militares", en *Desarrollo Económico*, vol. 12, N° 47, Buenos Aires, octubre-diciembre 1972.
O'Donnell, Guillermo, "Un juego imposible: competición y coaliciones entre partidos políticos de Argentina entre 1955 y 1966", en *Modernización y autoritarismo*, Buenos Aires, Paidós,1972.
Olivieri Aníbal O., *Dos veces rebelde*, Buenos Aires, Ediciones Sigla, 1958.

Oszlak, Oscar, *Formación histórica del Estado en América Latina: elementos teórico-metodológicos para su estudio*, Buenos Aires, Estudios CEDES, vol.1, N° 3, 1978.
Panella, Claudio, "El peronismo según el diario *La Prensa* en tiempos de la Revolución Libertadora (1956-1958)", en *Anuario del Instituto de Historia Argentina*, La Plata, 2000.
Panella, Claudio, "El diario *La Prensa* y la Revolución Libertadora", en Panella, Claudio (comp.), *De la Revolución Libertadora a Carlos Menem*, La Plata, Universidad de la Plata, 2006.
Panella, Claudio, "La expropiación del diario *La Prensa*: ¿ataque a la libertad de prensa o acto revolucionario?", en Rein, Raanan y Panella, Claudio (comps.), *Peronismo y prensa escrita. Abordajes, miradas e interpretaciones nacionales y extranjeras*, La Plata, EDULP, 2008.
Portantiero, Juan Carlos, "Economía y política en la crisis argentina (1958-1973)", en *Revista Mexicana de Sociología*, N° 2, 1977.
Quiroga, Hugo, *Estado, crisis económica y poder militar (1880 –1981)*, Buenos Aires, Biblioteca Política Argentina, 1985.
Ranalleti, Mario, "*De Frente* (1953-1956): una voz democrática y antiimperialista en la crisis final del primer peronismo", en Girbal Blacha, Noemí y Quattocchi Woisson, D. (comps.), *Cuando opinar es actuar. Revistas Argentinas del siglo XX,* Buenos Aires, CEAL, 1999.
Rein, Raanan y Sitman, Rosalie (comps.), *El primer peronismo. De regreso a los comienzos*, Buenos Aires, Lumière, 2005.
Rein, Raanan, *El primer peronismo sin Perón: la Unión Popular durante la Revolución Libertadora,* Universidad de Tel Aviv, enhttp://www.unsam.edu.ar/escuelas/politica/centro_historia_politica/biblioteca.asp.
Ricoeur, Paul, *La memoria, la historia, el olvido*, trad. de Agustín Neira, México, FCE, 2004.
Ricoeur, Paul, "La ideología y la utopía: dos expresiones del imaginario social", en *Del texto a la acción,* trad. de Pablo Corona, México, FCE, 2001, pp. 355 y siguientes.
Ricoeur, Paul, *Ideología y utopía*, trad. Alberto L. Bixio, Madrid, Gedisa, 2001.
Ricoeur Paul, *Sí mismo como otro*, trad. de Agustín Neira, Madrid, Siglo XXI Editores, 1996.
Ricoeur, Paul, *Finitud y culpabilidad*, Libro I, Capítulos 1, 2, 3 y 4, trad. de Agustín Neira, Madrid, Taurus, 1991.
Rivera, Jorge, *La investigación en comunicación social en la Argentina*, Buenos Aires, Puntosur, 1987.

Rock, David, *Argentina 1516-1987, desde la colonización española hasta Raúl Alfonsín,* trad. de Néstor Míguez, Buenos Aires, Alianza Singular,1995
Rock, David, *La Argentina autoritaria*, trad. de Jorge Luis Ossona, Buenos Aires, Ariel,1993.
Rouquié, Alain, "Hegemonía militar, Estado y dominación social", en Rouquié, A. (comp.), *Argentina, hoy*, México, Siglo XXI, 1982.
Rouquié, Alain, *Poder militar y sociedad política en la Argentina*, t. II, trad. de Arturo Iglesias Echegaray, Buenos Aires, Emecé, 1981.
Saítta, Silvia, *Regueros de tinta. El diario Crítica en la década de 1920*, Buenos Aires, Sudamericana, 1998.
Salas, Ernesto, "Cultura popular en la primera etapa de la resistencia peronista (1955-1958)", en *Secuencias 30,* México, Instituto Mora, septiembre.-diciembre 1994
Salas, Ernesto, *La resistencia peronista: la toma del frigorífico Lisandro de la Torre*, vol. I y II, Buenos Aires, CEAL, 1990.
Senén González, Santiago y Torre, Juan C., *Ejército y sindicatos: los sesenta días de Lonardi*, Buenos Aires, 1969.
Schmitt, Carl, *Teología política*, trad. de Montserrat Herrero, Buenos Aires, Struhart y Cía., 1985.
Schmitt, Carl, *El concepto de lo político*, trad. de Alejandra Obermeier, Buenos Aires, Folios, 1984.
Sidicaro, Roberto, *La política desde arriba. Las ideas del diario La Nación, 1909-1989*, Buenos Aires, Sudamericana, 1983.
Sirvén, Pablo, *Perón y los medios de comunicación (1943-1955)*, Buenos Aires, CEAL, 1984.
Smulovitz, Catalina, "El sistema de partidos en la Argentina: modelo para armar", en *Desarrollo Económico*, N° 101, Buenos Aires, 1986.
Spinelli, María Estela, *Los vencedores vencidos: Las alternativas políticas en el contexto de la autodenominada revolución libertadora, 1955-1958*, Buenos Aires, Biblos, 2005.
Spinelli, María Estela, *La desperonización. Una estrategia política de amplio alcance (1955-1958)*, en http://www.unsam.edu.ar.
Tarcus, Horacio, *La crisis del estado populista. Argentina 1976-1990*, IADE, Buenos Aires, abril-mayo 1992.
Terán, Oscar, *Historia de las ideas en la Argentina*, Buenos Aires, Siglo XXI Editores, 2008.
Terán, Oscar, *En busca de la ideología argentina,* Buenos Aires, Catálogos, 1986.
Thompson, Edward, "Tradición, revuelta y conciencia de clase", en *Crítica*, Barcelona,

1979.
Torre, Juan C., *La vieja guardia sindical y Perón. Sobre los orígenes del peronismo*, Buenos Aires, Sudamericana, 1990.
Torre, Juan C. (comp), "Los años peronistas (1943-1955)", en *Nueva Historia Argentina*, t. VIII, Buenos Aires, Sudamericana, 2002.
Varios Autores, *Ensayos sobre biopolítica. Excesos de vida: Gilles Deleuze, Michel Foucault, Antonio Negri, Slavoj Zizek, y Giorgio Agamben*, trad. de Marcelo Expósito, Buenos Aires, Paidós, 2002.
Verbitsky, Horacio, *Ezeiza*, Buenos Aires, Editorial Planeta, 1988.
Vergalito, Esteban, "¿Ricoeur vs. Derrida?: hacia una aproximación entre hermenéutica y deconstrucción", en *El pensadero. Revista de Filosofía*, N° 1, Buenos Aires, junio 2005, pp. 19-24.
Verón, Eliseo y Sigal, Silvia, *Perón o muerte*, Buenos Aires, EUDEBA, 2003.
Vinelli, Natalia, *ANCLA: una experiencia de comunicación clandestina dirigida por Rodolfo Walsh*, Buenos Aires, La Rosa Blindada, 2002.
Waldmann, Peter, *El peronismo 1943 – 1955*, trad. de Nélida Mendilaharzu de Machain, Buenos Aires, Hyspamérica,1985.
Weber, Max, *Economía y sociedad*, trad. de José Medina Echavarría, México, FCE, 1961.
Zabala, Arturo J., *La revolución del 16 de septiembre*, Buenos Aires, Ediciones Debate, 1955.

Printed by Books on Demand GmbH, Norderstedt / Germany